소소한 교육 이야기

소소한 교육 이야기

신상국 지음

문지사

積土成山^{적토성산} 積水成淵^{적수성연}

순자는 권학편에서 '흙이 쌓이면 산이 되어 비바람이 일고, 물이 모이면 연못을 만들어 교룡이 나타난다'고 하였습니다.

한 개인이 살아가면서 어떤 문제에 대해 고민하면서 노력하는 과정이 흙을 쌓고 물을 모으는 데 있다면, 노력한 끝에 이루어진 결과는 산이나 연못이라고 할 수 있습니다. 물론 개인이 가진 내공의 깊이에 따라 산은 높이를 달리 할 것이며, 연못은 깊이를 달리 할 것입니다.

높은 산에서 부는 비바람은 낮은 산에서 부는 비바람보다 주위를 적시는 넓이는 분명 다르다고 할 수 있습니다. 연못 또한 마찬가지입니다. 연못의 수심에 따라 물속을 헤엄치며 다니는 물고기의 종류나 수 또한 달라질 것입니다.

교육에 발을 담근 지 어언 37년의 시간이 흘렀습니다. 교육의 출발점에서 현재까지를 돌아보면서 지금까지 내가 쌓은 산의 높이는

어느 정도인지, 아니면 물을 모아 만든 연못의 깊이는 어느 정도인지 고민해
보지만, 비바람을 일으키고, 교룡이 나타날 정도의 높이와 깊이는 제 자신이
가지고 있지 않다는 것을 누구보다도 더 잘 알고 있습니다.

　혹 교육에 대한 관점이 다를 수 있음을 충분히 인지하고 있으며, 많은 꾸지람
또한 저의 몫으로 생각하고 있습니다. 덧붙여, 내용 중에 반복되는 말이 곳곳에
있는데, 이는 교육에 있어 너무나도 중요한 말이기에 거듭 피력한 것이라
이해하여 주시기를 바랍니다.

　그러나 비록 낮은 수준이나마 37년 동안 교육을 고민하였다는 점에서
수준의 낮음을 어느 정도 상쇄한다는 심정으로 감히 졸저를 펴내게 되었습니다.

　끝으로 늘 교육에 대한 고민을 함께 해 주신 창원대 김기민 교수님, 그리고
묵묵히 뒷바라지 해준 아내에게 이 특별히 고마움을 전하고 싶습니다.

1부 경험

2부 교육

3부 배움 I

3부 배움 Ⅱ

1부 경험

좋아하거나 미워하거나

유학에서 인仁과 예禮는 불가분의 관계에 있습니다. 인을 처음 말한 공자는 인의 의미가 무엇이다고 정의를 내린 적이 없습니다. 상황에 따라 인을 설명하고 있습니다. 대체적으로 학자들은 자신의 입장에 따라 인을 모든 덕의 기반으로 보기도 하며, 하나의 덕목으로 보기도 합니다. 여기서는 전자의 입장으로 인을 보기로 합니다.

반면 예는 겉으로 나타나는 행동입니다. 겉으로 나타나는 행동이기에 얼마든지 가식적으로 꾸밀 수도 있으며, 때론 상대방을 기만할 수도 있습니다. 이러한 행동을 잡아주는 내면적 기저가 바로 인입니다.

인과 예의 관계에 대해서 핑가레트는 "사람은 인성의 다듬어지지 않은 원재료만을 가지고 태어남으로 인은 '먼저 어려운 일을 할 것'을 요구한다. 인간은 아직 깎이고 닦이지 않은 원재료, 즉 성숙한 인간으로 형성될 수 있으나 아직은 조야한 충동이나 잠재력에 불과한 것이다. 짜임새 있는 인격은 아직 이루어지지 않았다. 인은 예가 계발되는 한에서만 계발된다. 인은 예 안에서 자기 모습은 형성하는 것이다"(공자의 철학, 서광사, p.84)라고 말했습니다.

즉 인 없는 예는 있을 수 없으며, 예 없는 인은 있을 수 없습니다. 진정 슬퍼하는 마음 없는 슬픔은 슬픔이 아니다는 말과 같습니다. 진정 슬퍼하는 마음이 인이라면 이를 바탕으로 겉으로 나타나는 슬픔은 예입니다. 예는 겉으로 나타나는 것이기에 얼마든지 조절할 수 있습니다. 즉 가식적인 태도도 보일 수 있고, 진정한 의미를 가진 슬픔도 나타낼 수 있습니다.

이 점에 대해 공자의 제자 유약은 예의 근본적인 목적이 사람들의 인화임을 논하면서, 인화 그 자체만을 생각하고 상황에 맞게 조절하지 않으면 예의 근본적 목적에 어긋남을 역설하고 있습니다.

有子曰^{유자왈} 禮之用^{예지용} 和爲貴^{화위귀} 先王之道^{선왕지도} 斯爲美^{사위미} 小大由之^{소대유지} 有所不行^{유소불행} 知和而和^{지화이화} 不以禮節之^{불이예절지} 亦不可行也^{역불가행야}

유자가 말하였다. "예의 목적(쓰임)은 조화를 중요하게 생각한다. 선왕의 도는 이것을 아름답게 여겨, 작은 일이나 큰 일 모두 이 원칙에 따랐다. 다만 행하면 안 될 것이 있으니, 이는 조화만 알고 조화만을 추구하기 때문이다. 따라서 예로써 조절하지 않으면 안 된다."

공자는 "오직 어진 사람만이 사람을 좋아하고 미워할 수 있다(唯仁者能好人^{유인자능호인} 能惡人^{능오인})"고 합니다. 어진 사람만이 사람을 좋아하고 미워할 수 있다? 여러분은 어떻게 생각하십니까?

우리는 세상을 살면서 수많은 사람을 만납니다. 그냥 그렇게 스쳐 지나가는 사람도 있지만, 대체적으로 우리는 타인과 관계를 맺고 살아갑니다. 이 관계에서 이해가 얽히기 시작하면 서로간의 감정이 작용하기 시작합니다. 이때의 이해는 서로의 입장에서 바라보는 이득과 손해입니다. 만약 우리가 이 입장에 따라 상대방을 좋아하고 미워한다면, 사람살이의 기준은 이익과 손해가 됩니다.

내 자신에게 이익이 되면 그 사람을 좋아하고, 손해가 되면 그 사람을 싫어하고 미워한다면, 상대방 또한 마찬가지입니다. 세상살이가 이렇게 움직여진다면 교육 또한 방법을 달리해야 합니다. 내 자신의 이익을 위해 열심히 살아라. 그렇다면 상대방은? 마찬가지입니다. 내 자신의 이익과 손해가 기준이 되는 세상. 공자가 말하는 사람에 대한 호오好惡 감정은 분명 이것과는 다르다는 것을 알 수 있습니다. 여기서 호오好惡란 사람이면 누구나 인정하는 행위 여부에 대한 감정이라고 볼 수 있습니다. 어떤 사람이 도덕적으로 합당한 행동을 하였다면 당연히 그 사람을 좋아할 것이며, 비도덕적인 행동을 하였다면 나 뿐만 아니라 누구나 비난하고 미워하는 것을 말한다고 할 수 있습니다.

이처럼 누구나 느낄 수 있는 감정. 이것이 바로 공公입니다. 공의 반대 개념은 사私입니다. 공의 기준이 객관적이라면 사의 기준은 주관적입니다. 어진 사람은 사람을 대하는 데 있어 공적인 기준을 가지고 판단하는 사람을 말합니다. 공적으로 판단하기에 사람을 좋아하고 미워하는 것이 넘치지도 모자라지도 않습니다. 그리고 같은 행위에 대해서 같은 평가를 내립니다. 즉 좋아하는 행위는 사람이나 신분, 나이에 관계없이 좋아하며, 미워한다는 것 또한 그러합니다.

그런데 공자는 '어진 이를 좋아하는 사람과 어질지 않은 이를 미워하는 사람을 본 적이 없다'(我未見好仁者惡不仁者아미견호인자호불인자)고 합니다. 오직 어진 사람만이 사람을 좋아하고 미워할 수 있다고 하였는데 어진 이를 좋아하는 사람을 본 적이 없다고 합니다. 그렇다면 우리의 삶에서 오직 어진 사람만이 사람을 좋아하고 미워한다는 말은 공허한 말에 불과한 것일까요?

그러나 뒤 이은 말을 보면 공자가 보기에 아직 인을 좋아하고, 불인을 미워하는 자를 본 적은 없지만, 이것은 어디까지나 인에 이르려는 노력이 부족한 탓이지 사람은 누구나 어진 사람이 될 수 있는 능력을 가지고 있다(아미견력부족자我未見力不足者)는 점을 강조하고 있습니다. 교육의 가능성입니다.

사람이 살아가는데 항상 어짐에 뜻을 둔다면 이 세상의 악은 없어진다(구지여인의苟志於仁矣 무악야無惡也)고 하였습니다. 너무나도 당연한 말입니다. 세상 모든 사람이 어질게 산다면 악이라는 단어 자체가 사라질 것입니다. 하지만 세상살이는 선과 악의 혼재 속에 이루어져 있다는 것은 경험을 통해 잘 알 수 있습니다.

인仁의 정의를 어떻게 내리던 인한 사람은 선을 보면 좋아하고 악을 보면 미워한다는 공적인 기준을 가지고 있다고 보아야 합니다. 또 이것은 누구나 공감할 수 있기에 공적이라고 할 수 있습니다.

오직 인한 사람 즉 어진 사람만이 타인을 좋아하고 미워할 수 있다는 말은 곧 상대방이 한 행동만큼 미워하고 좋아할 수 있다는 말과 같습니다. 너무 지나치지도 않고 너무 모자라지도 않는 만큼 하는 행동. 이를 중용에서는 '시중時中'이라고 합니다. 시중은 그때그때 상황에 맞게 지나치지도 모자라지도 않게 행동하는 것을 말합니다.

저는 때때로 내 사적인 감정에 따라 사람을 좋아하고 미워하지 않았는지 새삼 뒤를 돌아보게 합니다.

혼자 살 수 없다

'부모 팔아 친구를 산다'는 말이 있습니다. 나를 있게 한 부모를 팔아 친구를 산다는 것은 곧 그만큼 친구가 중요하다는 말을 대변하고 있습니다.

친구親舊는 말 그대로 친함이 오래 되었다는 말입니다. 친함이 오래 되었으니 나와 친구는 서로를 누구보다 잘 아는 사이라고 할 수 있습니다.

사람이 세상을 살면서 진정한 친구 세 명이 있다면 천하를 얻은 것과 같다는 말이 있습니다. 친구가 삶에 있어서 그만큼 중요하다는 말이며, 또 그만큼 진정한 친구를 사귀기 어렵다는 말이 되기도 합니다. 이런 친구에 대한 일화로는 '관포지교管鮑之交'가 유명합니다.

관중과 포숙아의 우정 이야기로 포숙아는 관중의 생명을 구하기도 하고 자신보다 윗자리에 앉도록 추천하기도 합니다. 관중은 포숙아를 가르켜 "나를 낳아준 사람은 부모요(생아자부모生我者父母), 나를 알아준 사람은 포숙아다(지아자포자知我者鮑子)"라고 말합니다.

관중과 포숙아처럼 생사고락을 함께 할 수 있는 친구가 있다면 그 사람의 삶은 성공한 삶이라고 볼 수 있습니다. 하지만 현실은 우리가 생각하는 것처럼 돌아가지 않는 경우도 있습니다.

이에 공자는 친구에 대해 익자삼우益者三友, 손자삼우損者三友로 나누어 말하고 있습니다. 벗해야 하는 친구와 그렇지 못한 친구를 도식화하여 설명하고 있습니다. 익자삼우란 한마디로 나에게 도움이 되는 친구입니다. 정직한 친구(우직友直), 성실하며 믿음직스러운 친구(우량友諒), 견문이 넓은 친구(우다문友多聞)를 들고 있습니다. 손자삼우는 나에게 도움이 되지 않는 친구입니다. 상대방 기분을 살피며 비위를 맞추는 친구, 겉은 유순하게 보이지만 속은 검은 능구렁이가 들어 있는 친구, 말만 잘하는 친구를 들고 있습니다.

어떤 친구를 사귀어야 하며, 어떤 친구가 되어야 하는가는 공자의 말을 빌리지 않더라도 우리는 잘 알고 있습니다. 사회생활이란 누군가는 누군가를 필요로 합니다. 이 중 특히, 친구는 사회생활을 하는데 중요합니다. 친구를 통해 도움을 받기도 하지만, 나 역시 친구에게 도움을 주기도 합니다.

서양 속담에 그 사람을 알려면 친구를 보라는 말이 있습니다. 그 사람이 교제하는 사람들을 보면 그 사람이 어떤 성향을 가진 사람이라는 것을 알 수 있다는 말입니다. 친구 사귐에 대해서는 동서양을 막론하고 사회생활에서 가정과 함께 개인의 삶에서 중요하다 아니 할 수 없습니다.

나는 어떤 친구를 벗해야 하며 어떤 벗이 되어야 하는지? 공자에 이어 순자도 다음과 같은 말을 합니다. 순자는 「수신」편에서 "나를 비난하더라도 마땅한 사람이면 나의 스승이고, 나를 옳게 여기면서도 올바른 사람이면 나의 친구이고, 나에게 마냥 아첨만하고 좋은 말만 늘어놓은 사람은 나의 적이다(非我而當者吾師也^{비아이당자오사야} 是我而當者吾友也^{시아이당자오우야} 諂諛我者吾賊也^{첨유아자오적야})"라는 말을 합니다.

결국 친구란 나의 잘못을 따끔하게 지적할 수 있어야 하며, 나의 장점을 북돋아 줄 수도 있어야 합니다. 마냥 내가 하는 것이 옳다고 칭찬만 하는 친구는 친구가 아닙니다. 나 역시도 마찬가지입니다. 친구의 잘못을 따끔하게 지적하고, 칭찬할 수 있는 사람이 되어야 합니다.

혼밥, 혼술의 용어는 몇 년 전만 하더라도 들어본 적이 없는 신조어입니다. 혼자서 밥 먹고, 혼자서 술 마신다는 의미는 그만큼 우리 사회가 변해 가고 있다는 반증입니다. 혼자서 밥 먹고 즐기는 것이 좋다 나쁘다의 의미는 아닙니다. 혼밥, 혼술이 자리 잡으면 자리 잡은 만큼 친구는 더욱 필요한 것입니다.

사람은 혼자 살 수 없습니다.

내 발자국은 내가 만든 것

『묵자墨子』「비공非攻」편에 나오는 '군자불경어수君子不鏡於水 이경어인而鏡於人'은 '군자는 물을 거울로 삼지 않고 사람을 거울로 삼는다'는 말입니다. 거울은 사물을 비추어보는데 요긴한 물건입니다. 거울이 사물을 비추어 보는 것처럼 사람도 자기 자신을 비추어 보는 거울이 필요합니다. 이때의 거울은 자신의 삶을 보다 더 합리적으로 살찌게 하는데 필요한 거울입니다.

묵자가 보기에 이 거울은 바로 사람입니다. '남을 보고 자신을 깨우친다'는 말처럼 다른 사람들의 행동은 나 자신의 삶을 되돌아 볼 수 있는 계기가 될 수 있습니다.

안중근 의사의 삶에서 나라사랑의 정신을 다짐할 수 있으며, 이완용의 행동에서 올바른 나라사랑이 무엇인지를 알 수 있게 합니다. 안중근 의사의 삶은 우리들에게 모범이 되는 거울입니다. 이완용의 삶은 우리들에게 경각심을 일깨워 주는 거울이 됩니다. 우리들에게 모범이 되는 사람들의 삶을 귀감龜鑑이 된다고 합니다. 귀감이란 결국 나 자신이 올바르게 행동하는데서 오는 것입니다.

우리는 세상을 살면서 어떤 거울을 남겨야 하는가?

서산대사의 '踏雪野中去답설야중거'라는 시에서 그 일단을 엿볼 수 있습니다.

踏雪野中去^{답설야중거} 不須胡亂行^{불수호란행}

今日我行跡^{금일아행적} 遂作後人程^{수작후인정}

눈밭 속을 걸어가더라도 모름지기 함부로 걷지 마라.

오늘 내가 걷는 발자국은 결국은 뒷사람의 이정표가 될 것이니!

내 자신의 발자국은 내가 만드는 것입니다. 그러므로 발자국이 어떤 모습을 하던 그것은 결국 나에게 달려있습니다. 이런 면에서 본다면, 사람은 두 개의 거울을 가지고 있다고 할 수 있습니다. 나의 삶을 비추어 보는 거울이 하나이며, 남에게 비추어지는 거울이 또 하나입니다. 나의 삶을 비추어 보는 거울을 통해 자신의 삶을 올바르게 한다면, 남에게 비추어지는 거울 또한 남을 올바르게 하는 역할을 할 것입니다.

공자도 자신이 생각하는 이상사회에 대한 거울을 가지고 있었습니다. 그것은 주나라의 문물제도였습니다. 주나라는 주나라 이전의 나라인 하나라, 은나라의 문물제도를 거울삼아 주나라의 문물제도를 만들었으니 공자가 주나라의 문물제도에 대해 칭송하는 것은 어쩌면 당연한 일입니다.

子曰^{자왈} 周鑑於二代^{주감어이대} 郁郁乎文哉^{욱욱호문재} 吾從周^{오종주}

공자가 말하였다. 주나라는 하, 은 두 나라를 거울로 삼았으니,

(주나라의) 문물제도는 찬란하다! 나는 주나라를 따르겠다.

배울 學^학 자에는 본받는다는 의미가 들어있다고 합니다. 배움은 스스로 익히는 것이지만, 배움 속에는 나보다 먼저 해본 사람들의 행위나 결과를 본받고 따라하며 실천하는 과정에서 익숙해지는 것입니다.

학교 현장에서 학생이 본받는 첫 번째 대상은 담임입니다. 즉 담임은 학생들의 거울입니다. 거울 표면을 깨끗이 하면 할수록 학생들은 거울을 자주 들여다 볼 것입니다.

난로 같은 사람

子日자왈 德不孤덕불고 必有隣필유린
공자께서 말씀하셨다. 덕 있는 사람은 외롭지 않고
반드시 이웃이 있다.

학교는 지금 모든 냉난방을 전기로 해결합니다. 제 초임 시절만 하더라도 난방은 난로였습니다. 장작이나 석탄 화력이 주 원료였습니다. 급식소도 없었으니 모두가 도시락을 싸 왔고, 겨울이 되면 난로 위에는 도시락이 켜켜이 쌓여 이른바 보온 구실도 하였습니다.

쉬는 시간이면 학생들은 자연스럽게 난로 주위에 모여 들었습니다. 난로는 말이 없지만 학생들은 난로의 따뜻함 때문에 누가 시키지 않아도 난로 주위에 모여 들었습니다. 사람도 마찬가지입니다. 난로가 사람을 모으듯 난로처럼 따뜻한 마음씨를 가진 사람은 자연스럽게 자신의 주위에 사람들이 모여들게 마련입니다.

그렇다면 난로 같은 사람은 어떤 사람일까? 공자는 말합니다. 덕 있는 사람은 외롭지 않다고. 덕 있는 사람은 어떤 사람일까요? 덕 있는 사람이란 남을 이해하고, 배려할 줄 아는 사람이며, 자기 자신에게 최선을 다하는 사람이라고 볼 수 있습니다. 학급 친구가 어려움이 있을 때 이해하고 도와주는 친구, 몸이 불편한 친구가 있으면 스스로 도와주는 사람이 바로 덕 있는 사람이라고 할 수 있습니다.

남을 이해하고 배려하는 사람은 다른 사람들이 좋아할 수밖에 없습니다. 사람은 좋아하는 사람에게 다가서기 마련입니다. 주위에 사람들이 모여드니 외롭지 않을 것이고, 이웃이 생기는 것은 당연합니다.

초등학교 6학년 도덕 교과서에 간디의 이야기가 있습니다. 간디가 기차를 타기 위해 뛰어갔습니다. 뛰던 도중에 신고 있던 신발 한 짝이 벗겨졌지만, 기차를 탔습니다. 기차에 오른 간디는 자신이 신고 있던 신발 한 짝을 차창 밖으로 던졌습니다. 왜 일까요? 신발은 두 짝이 있어야 제 구실을 합니다. 간디는 이미 기차를 탔으니 벗겨진 신발은 찾을 수도 없습니다. 이에 간디는 남을 생각하는 마음에서 신고 있던 나머지 신발 한 짝을 차창 밖으로 던졌던 것입니다. 이런 행동을 하는 사람이 바로 덕 있는 사람이라고 할 수 있습니다.

학교생활에서 친구의 어려움을 도와주는 친구. 이런 친구가 바로 덕을 가진 친구라고 할 수 있습니다.

목마른 사람에게는 물을 주어야

子華使於齊자화사어제 冉子爲其母請粟염자위기모청속 子曰자왈 "與之釜여지부 請益청익 曰왈 "與之庾여지유 冉子與之粟五秉염자여지속오병 子曰자왈 赤之適齊 也적지적제야 乘肥馬승비마 衣輕裘의경구 吾聞之也오문지야 君子周急不繼富군자주 급불계부

자화가 공자를 위해 제나라로 심부름을 가자, 염유가 자화의 어머니를 위해 곡식을 주자고 청하였다. 이에 공자께서 말씀하셨다. 6말 4되를 주도록 해라."고 하자, 염유가 더 줄 것을 청하였다. 이에 공자가 16말을 주어라."고 하였으나 염유는 곡식 5병(80섬)을 자화 어머니에게 주었다. 이를 보고 공자께서 말씀하셨다. "공서적이 제나라로 갈 때 살찐 말을 타고 가벼운 가죽옷을 입고 갔다. 나는 군자는 급한 사람은 도와주지만 부자는 불려주지 않는다는 말을 들었다."

또 『한비자』「설림」에 '원수불구근화遠水不救近火'라는 말이 나옵니다. 멀리 있는 물은 가까운 불을 끌 수 없다는 말입니다. 춘추시대 노나라는 이웃 나라 제나라에 대해 두려움을 느끼고 있었습니다. 이에 제나라를 견제하고자 노나라에서 멀리 떨어져 있는 강대국인 진나라와 초나라에 도움을 받고자 왕의 자녀들을 그 나라에 파견하여 벼슬살이를 하도록 계획하고 있었습니다.

이때 한 신하가 계획의 불가함을 설명하면서 "멀리 있는 나라와 아무리 우호관계를 맺어본들 정작 필요할 때는 도움을 받을 수 없습니다."고 하였습니다. 도움은 정작 필요할 때 그에 맞게 받는 것이 진정한 도움입니다.

도움은 도움이 필요한 사람에게 해야 합니다. 학교에서 현장 체험학습을 갑니다. 학교를 떠나 교과서에서 배운 내용을 눈으로 직접 보면서 확인하고 느끼는 것이 현장 체험학습입니다. 물을 가지고 갔지만, 걸어가는 도중 목이 말라 물을 전부 마셔버렸습니다. 목이 말라 있는데 친구가 "나는 괜찮다고" 하면서 가진 물을 나에게 권합니다. 이때 마시는 물이 얼마나 달콤한지 여러분은 한번쯤 경험하였을 것입니다.

그런데 물이 전혀 먹고 싶지 않은데 친구가 물을 건넸을 때는 그렇게 달콤하였던 물도 이제는 먹기 싫게 됩니다. 이처럼 도움도 도움이 필요한 사람에게 주어야 고마움을 알고 고맙게 여기게 됩니다. 자화(공서적)라는 사람이 제나라로 공자의 심부름을 갈 때 좋은 옷을 입고, 살찐 말을 타고 갔다는 것은 지금으로 보면 값비싼 옷과 좋은 차를 타고 갔다는 말입니다. 이것을 보았을 때 자화라는 사람은 잘 살고 있는 사람입니다. 잘 살고 있는 사람에게 더 잘 살도록 도움을 줄 필요는 없겠지요?

도움은 사람들에게 행복을 가져다줍니다.

낭중지추

능력能力의 사전적 의미는 '할 수 있는 힘'입니다. 사람마다 능력이 다르다는 것은 사람마다 할 수 있는 것이 다르다는 것을 뜻합니다. 사회는 이처럼 능력이 다른 사람들이 모여 있습니다. 능력이 다른 사람들이 모여 있기에 저는 가르치는 일에 전념하면서 의식주를 해결합니다.

하지만 공자가 살던 시대는 능력보다는 신분이 중요하였습니다. 신분이 사람의 능력을 넘어선 사회였습니다. 이런 시대에 개인의 능력을 중시한 공자의 생각은 시대를 뛰어넘은 생각임에 틀림없습니다. 공자뿐만 아닙니다. 시대를 뛰어넘는 위대한 혜안을 가진 선각자들은 그 당시 사회의 모순을 직시하는 눈을 가진 사람들입니다. 당시에는 비록 빛을 발하지 못하는 경우가 있지만, 먼 뒷날 하나의 등불이 되어 삶의 길을 안내하곤 합니다.

예를 들어 묵자는 당시로서는 상상할 수 없을 정도로 개인의 능력을 우선시하였습니다. 지도자의 자질을 가진 사람은 신분고하를 막론하고 등용할 것을 주장하였습니다. 반대로 아무리 높은 지위를 가진 신분이라도 능력이 없으면 퇴출되어야 한다고도 하였습니다.

논어에 보이는 공자의 능력주의 또한 마찬가지입니다. 지금도 학연, 지연, 혈연의 문제가 대두되고 있는 현실에 접목하여 보면 앞으로 우리가 가야 할 길에 대한 하나의 빛줄기를 던져주고 있다고 할 수 있습니다.

『논어』에서 공자가 중궁에 대해 말하기를 "얼룩소 새끼라도 색깔이 붉고 뿔이 반듯하면, 비록 쓰지 않으려고 해도 산천이 가만히 있겠는가?"(子謂仲弓^{자위중궁} 曰왈 犂牛之子且角^{리우지자성차각} 雖欲勿用^{수욕물용} 山川其舍諸^{산천기사제})라는 말이 있습니다.

『사기열전』을 보면 중궁은 천민입니다. 이런 중궁에 대해 공자는 심지어 왕까지 할 수 있다고 합니다. 천민이 왕이 될 수 있다는 것은 현실적으로 불가능한 일이지만, 그 당시 시대 상황에서 이런 생각을 한다는 그 자체만도 파격적이라 하지 않을 수 없습니다. 신분이 미천한 중궁을 공자가 왕까지 할 수 있다고 말하는 것을 보면 그만큼 중궁의 능력이나 덕행이 뛰어났다는 것을 반증하고 있습니다.

한 사람의 뛰어난 생각은 비록 그 당시에는 빛을 발하지 못하는 경우가 있지만, 먼 후대의 이정표가 되는 일이 많습니다. 어쩌면 우리는 이상을 먹고 사는지도 모릅니다. 이상은 이상으로 그치는 것이 아니라 그 이상을 향해 현실은 거북의 걸음처럼 따라 간다고 할 수 있습니다.

낭중지추囊中之錐! 주머니 속의 송곳은 자의든 타의든 언젠가는 주머니 밖으로 나오게 되어 있습니다. 낭중지추가 되기 위해서는 끊임없이 자신을 갈고 닦아야 되겠지요.

융통성

융통성의 사전적 의미는 '형편이나 경우에 따라서 일을 이리저리 막힘없이 잘 처리하는 재주나 능력'입니다. '일의 형편이나 경우에 따라서'가 융통성을 발휘하는 기반이 됩니다.

우리의 삶은 기계처럼 반복되는 것처럼 보이지만, 실상을 들여다보면 하루에도 수많은 변수가 작용합니다. 이 변수를 변수로 받아들이고 무리없이 일을 해결하는 것이 융통성입니다. 융통성이 있는 사람은 어느 정도 마음의 여유를 가지고 있는 사람이라고 볼 수 있습니다. 반면 한 가지 생각으로 한 가지 행동만을 고집하는 사람을 우리는 외골수라 합니다.

융통성을 가진 사람은 자신이 완벽하지 않다는 것을 알기에 사람들의 의도적이지 않은 실수에 대해 이해하는 폭이 넓습니다. 그러나 외골수 성격을 가진 사람은 실수에 대해 자기 자신도 용납할 수 없지만, 상대방에게도 마찬가지입니다.

사람은 살아가면서 어느 정도의 융통성은 가지고 살아가야 합니다. 이 점에 대해 논어에서는 "큰 덕이 한계를 넘지 않으면 작은 덕은 들쭉날쭉 해도 된다(大德不踰閑대덕불유한 小德出入可소덕출입가)"고 하였습니다.

또 공자는 사절四絕을 이야기하고 있습니다. 곧 무의毋意, 무필毋必, 무고固, 무아無我가 그것입니다. 어떤 것에 대해 억측하지 말고, 반드시 해야 한다고 생각하지 말고, 융통성 없이 완고하게 고집만 부리지 말고, 자기만을 생각하는 아집을 버려야 한다는 말입니다.

우리가 "저 사람 참 괜찮은 사람이다" 하였을 때 '괜찮은 사람'이라고 판단한 근거는 대체적으로 그 사람이 세상을 살면서 남겨 놓은 삶의 흔적 속에서 그렇게 판단하는 것입니다.

덧붙여 융통성에는 바로 이런 삶의 흔적이 들어있습니다. 융통성은 상대방에 대한 입장 고려가 들어있습니다. 상대방에게 완벽을 요구하는 것은 상대방과 교제하지 말라는 말과 같습니다. 그렇다고 상대방의 잘못을 인정하지 말자는 것은 아닙니다. 인정은 하되 상대방의 입장을 이해하는 태도가 바탕이 되어야 합니다.

결국 융통성이란 나에게는 엄격하게 적용되어야 하며, 상대방에게는 부드럽게 적용되어야 함을 의미한다고 할 수 있습니다. 왜 나에게는 융통성이 엄격해야 하는가? 자문자답해 볼 일입니다.

군자는 의에 밝다

　동양 고전에서 어김없이 등장하는 단어 중의 하나가 군자^{君子}입니다. 오늘날 군자를 어떤 의미로 보아야 하는가? 논어에서 군자란 인과 예를 갖추고 정치에 참여하려는 예비 관료들을 말합니다. 군자를 이렇게 정의해 버리면 오늘을 살아가는 우리에게 와 닿지 않는 말이 됩니다.

　군자를 교육받은 사람으로 바꾸어 보면 이야기는 달라집니다. 교육받은 사람은 교육받은 결과 인성이나 학식 등이 내면화되어 합리적으로 행동하는 사람을 말합니다. 옳고 그름에 대한 도덕적 기준이 명확하며, 공과 사를 구별할 수 있는 사람입니다.

　이에 덧붙여 군자와 짝을 이뤄 등장하는 단어가 소인^{小人}입니다. 군자가 교육받은 사람이라면, 소인은 이와 달리 교육받지 못한 사람으로 볼 수 있습니다. 소인의 우선 순위는 나 자신의 이익입니다. 명문대를 나와도 인성이 완성되어 있지 않는 사람은 학식은 높을지 몰라도 행동이 뒤따르지 못한다면 소인 같은 사람입니다.

　공자는 "군자는 의^義에 밝고, 소인은 이^利에 밝다(君子喩於義^{군자유어의} 小人喩於利^{소인유어리})"라는 말로 군자와 소인을 구분하였습니다. 맹자는 의^義를 '사람이 걸어가야 할 바른 길'로 풀이하고 있습니다. 즉 사람이면 누구나 사람으로서 마땅히 해야 할 행동을 말합니다. 이런 점에서 옳을 義^의는 마땅할 宜^의와 일맥상통합니다. 어떤 일을 마땅하게 한다는 것은 합리적으로 행동하는 것으로 개인이 가진 사적인 욕심을 버리고 공적으로 행동하는 것을 의미합니다.

한편 소인은 이익에 밝다는 것은 개인적인 욕심을 우선한다는 말과 같습니다. 본래 이익을 나타내는 이利는 벼 禾화 변에 칼 刀도로 만들어진 한자입니다. 즉 나락을 내 것으로 한다는 의미입니다. 합리적으로 적법한 절차에 따라 나락을 자신의 것으로 한다면, 그것은 사회에서 인정해야 합니다. 여기서는 개인적인 욕심을 바탕으로 비합법적인 방법으로 내 것으로 한다는 의미입니다.

이런 점에 비추어 보면 군자와 소인은 확연하게 차이가 나며, 우리가 어떤 삶을 지향해야 하는지도 알 수 있습니다. 교육받은 사람과 교육받지 못한 사람의 차이는 어떤 일을 마땅하게 합리적으로 하느냐, 아니면 개인의 사적 욕심에 따라 하느냐의 차이입니다. 의義가 마땅함을 내포하고 있다면, 이利는 마땅하지 못함을 내포하고 있습니다.

한때 학력 만능주의라는 표현을 자주 사용하였습니다. 학력 만능주의란 말 그대로 학력이 모든 것을 좌지우지한다는 말입니다. 학력이 사람의 인생을 결정한다는 의미도 들어있습니다. 학력이 사람이 살아가는 데 있어 결정인 요소가 된다면 여기에는 인성적 측면이 간과될 수 있는 소지를 안고 있습니다. 학력이 높든 낮든 사람살이에서 중요한 것은 인성입니다.

과거는 나의 스승

　우리 인간은 완벽할 수 없습니다. 그러기에 우리는 살아가면서 '후회한다', '반성한다', '미안하다' 등의 말을 사용합니다. ─후회한다, 반성한다는 말을 사용하지 않고 사는 삶이 좋은 삶이지만─ 이 말은 어떤 일을 행하고 난 뒤 결과를 보고 하는 말입니다. 만약 우리 인간들이 완벽하면, 이런 단어들은 사라질 것입니다. 그러나 우리는 완벽하지 않습니다.

　완벽하지 않기에 우리는 후회하고 반성합니다. 공자도 인간이기에 논어 속 이야기를 보면 어떤 제자를 민망하게 하여 다른 제자들이 놀리자 이내 사과하며 자신의 잘못을 인정하기도 합니 다. 또한 도덕적으로 불가한 것을 하려다 제자에게 책망을 듣기도 합니 다. 그러면서도 초지일관 공자가 생각한 이상사회는 주나라 문화로 회귀하는 것이기에 보기에 따라 보수주의라고 비판받기도 합니다. 하지만 '가르침에는 분별이 없다'는 공자의 말처럼 당시 사회 관습을 뛰어넘는 개혁적인 모습 또한 볼 수 있습니다.

　우리의 뇌리에 공자가 개혁적이지 못하다는 이미지가 새겨진 것은 아마도 '온고지신溫故知新' 때문이 아닌지 나름대로 생각해 봅니다. 여기서 옛것을 안다는 것은 단순한 암기를 의미하는 것이 아닙니다. 옛것을 안다는 것은 그것을 의미있게 안다는 것입니다. 의미있게 알아야 오늘을 사는 현실에 새로운 방향을 제공할 수 있습니다. 심지어 미래 예측도 가능합니다. 요즈음은 빅데이터 자료를 가지고 미래를 예측하지만, 공자도 공자 나름의 빅데이터를 가지고 있었습니다. 온고와 지신을 하기 위한 빅데이터입니다.

그 일단은 논어에 잘 나타나 있습니다. 공자 제자 중 한 사람인 자장子張이 "앞으로 열 왕조 뒤의 일을 알 수 있느냐?"고 묻습니다. 이에 공자는 자신이 "하夏, 은殷, 주周의 자료를 가지고 있기 때문에 가능하다"고 말합니다. 은나라는 하나라를 기반하여 문물제도를 만들었고, 주나라는 은나라의 문물제도를 기반하여 문물을 만들었으니, 뒤의 왕조도 주나라의 문물을 기반하여 발전한다면, 열 왕조가 아닌 백 왕조의 일도 알 수 있다고 대답합니다.

우리의 문화는 과거를 발판 삼아 새로운 그 무엇을 창조해 간다고 할 수 있습니다. 스마트 폰은 지금 일상용품처럼 사용하고 있습니다. 하지만 과거의 발달이 없었더라면 스마트폰은 오늘날 존재할 수 없었을 것입니다. 새로움이란 대체적으로 기존의 것을 바탕한 것이 많습니다.

그러므로 온고溫故에는 옛것을 단순히 배운다는 것이 아니고 오늘에 비추어 의미 있게 배운다는 것입니다. 예전에 읽었던 책을 다시 꺼내어 읽었을 때 책의 내용은 그대로이지만, 내가 받아들이는 의미는 다르다는 것을 느낀 적이 있을 것입니다. 왜냐하면 나라는 존재의 성장이 받침하기에 내용이 다르게 다가서는 것입니다.

만약 우리가 1919년 3월 1일 독립만세 운동을 그냥 외우고만 있다면, 그것은 사실의 나열에 그치고 맙니다. 우리 선조들의 독립에 대한 의지, 이런 의지가 나오게 된 배경, 그리고 이 정신이 오늘날 우리에게 어떤 의미를 주는지 등등을 생각하고 그에 대한 실천 의지를 굳건히 하는 것이 온고가 가진 의미입니다.

이런 생각의 바탕은 새로운 생각을 가지게 하며 오늘을 보다 더 합리적으로 만들어가게 합니다. 이것이 지신知新이 가진 의미입니다. 즉, 과거라는 회귀 속에 우리의 삶을 가두는 것이 아니라 과거의 사실 속에서 새로운 의미를 찾아 현재의 우리 삶에 맞는 새로운 틀을 재구성하는 의미가 담겨 있습니다.

한비자의 말 중에 "시대가 달라지면 일하는 방식도 달라지고 일하는 방식이 달라지면, 그에 따라 준비하는 것도 달라진다(世異則事異세이즉사이 事異則備變사이즉비변)"라는 말처럼 과거를 뒤돌아본다는 것은 현재 당면한 문제 해결에 일종의 비전(안목)을 제시하기도 합니다.

이 시대를 살고 있는 우리에게 가장 중요한 것은 오늘을 얼마나 충실하게 만드느냐 입니다. 과거를 보는 것은 현재를 충실하게 하기 위한 방편이며, 현재의 충실은 미래의 충실로 나아갑니다.

이런 생각을 가지고 행동하는 사람은 남을 이끌 능력을 충분히 갖춘 사람이라고 볼 수 있습니다.

그 시작의 날에

이른바 3월은 우리 교육계에 있어 '아쉬움'과 '기대감'이 교차하는 달입니다. 평생을 교직계에 몸 담은 분들이 정년이 되어 교육 현장을 아쉬움과 함께 떠나는 달이기도 하며, 새내기 교사들이 청운의 꿈을 품고 교직에 첫발을 내딛는 설레임으로 가득찬 달이기도 합니다.

작은 강의 물은 멀리서 보면 그냥 흘러가고 있지만 앞의 물은 뒤의 물에 의해 보다 큰 강에 합류됩니다. 우리 교직 사회도 마찬가지입니다. 앞에서 흘러가는 물(선배 교사)과 뒤에서 흐르는 물(후배 교사)이 섞이고 섞여서 '교육'이라는 큰 강물은 끊임없이 흘러갑니다.

교직에 첫발을 내딛는 교사들을 우리는 신규교사라고 합니다. 먼저 신규新規에 대한 사전적 의미를 보면, '새로이 어떤 일을 함' 또는 '새로운 규칙이나 규정'으로 기술하고 있습니다. 새로이 어떤 일을 한다는 것은 여기에 오신 선생님들 모두가 대학을 졸업하고 교육현장에 처음 교직에 입문한다는 것을 의미하며, 새로운 규칙이나 규정이라는 의미는 교육에서 요구하는 교육적인 가치관에 입문한다는 것을 말합니다.

規규라는 한자를 보아도 마찬가지입니다. 규規는 원래 목재를 자르거나 켤 때 정확하게 원을 그리는 컴퍼스입니다. 집을 지을 때 눈대중으로 나무를 잘라 집을 짓는다면, 아마도 그 집은 완성되기 어려울 것입니다. 눈대중은 서로가 다르기 때문입니다. 자는 일종의 표준입니다. 신규교사란 새로운 자 즉, 교육이 요구하는 잣대에 처음 줄을 긋는 사람입니다.

가르침

학교의 중요하고도 중요한 기능 중에 하나가 교사들은 '가르치고' 학생들은 '배운다'입니다. 가르치고 배운다에서 무엇을 주안점으로 두느냐에 따라 학교가 가야 할 방향은 달라지지만, 제가 보기에 가르침이 무엇보다도 중요합니다.

자기주도적 학습과 같이 학습자가 주도적으로 학습을 한다고 하여도 가르치는 교사가 그쪽으로 방향을 인도하지 않으면 자기주도적 학습이 어렵습니다. 자기주도적이 되기 위해서는 자기주도적이라는 용어에 담긴 의미를 학생들에게 인지시키고 수업시간마다 그 방향으로 가지 않으면 자기주도적 학습이 내포하고 있는 교육적 의미를 달성하기 어렵습니다.

이처럼 초등학교에서는 교사의 가르침이 중요합니다. 이 '가르침'을 한자로 풀어보고자 합니다. 가르침에 관련 있는 한자는 敎교, 그리고 誨회, 訓훈 등이 있습니다.

교敎는 모범을 보임으로서 가르친다는 의미이며, 회誨는 인도한다는 의미이고, 훈訓은 말로서 가르치는 의미라고 합니다. 이 점을 감안하여 보면 가르침에는 순간순간의 상황이 있습니다. 상황에 따라 교사가 모범을 보이는 경우도 있고, 인도하는 경우도 있으며, 말로서 하는 경우도 있습니다. 즉, 상황에 맞게 적시에 적절하게 하는 것이 바로 가르침이라고 할 수 있습니다.

예를 들어 한 학생이 빨간 불에 횡단보도를 건너려고 할 때 우리는 도덕시간까지 기다리지 않습니다. 적시에 적절하게 지도합니다.

여기에는 교사의 경험적 요소가 중요합니다. 이른바 교육에 대한 지식이론이 뒷받침된 지혜가 발휘되어야 합니다. 지상담병紙上談兵이라는 말이 있습니다. 말 그대로 종이 위에서 병법을 논하는 것을 말합니다. 탁상공론卓上空論과 같은 의미입니다.

춘추시대 조나라에 조사라는 유명한 장군이 있었습니다. 이 장군의 아들이 조괄인데 어려서부터 병서를 많이 읽어 아버지와 병법을 논하면 아버지가 이긴 적이 없었다고 합니다. 이를 보고 온 나라가 조괄의 똑똑함에 칭찬을 아끼지 않았으나, 오히려 아버지 조사는 "조나라를 멸망케 할 사람은 바로 내 아들이다"라고 했습니다.

아버지의 염려대로 조괄이 군 책임자 되었으나 진나라의 백기에게 45만이라는 대 병력이 생매장 당하고 이후 조나라는 쇠락의 길을 걷고 나중에는 진나라에 흡수되고 맙니다.

이른바 조괄은 이론적으로는 병법에 밝았습니다. 집안이 무인 집안이라 어릴 때부터 군에 대한 교과서를 보고 자라 병법 내용을 모두 암기하였을 것입니다. 하지만 실제 전쟁에서는 교과서적으로는 되지 않습니다. 순간순간의 경험적 판단이 중요하게 작용할 수밖에 없습니다.

교육도 마찬가지입니다. 교육이론은 교육 실제에 있어 합리적이고 논리적인 안을 제공합니다. 그러나 교육 현장은 날씨의 변화처럼 역동적입니다. 이 역동성을 어떻게 잘 대처하느냐가 바로 교육에 있어 현장경험의 중요성입니다.

이론과 실제를 어떻게 조화롭게 엮어 가느냐는 교사 모두의 영원한 고민이기도 합니다. 경험의 축적은 바로 교육 실제에 있어 유연성을 제공합니다. '가르치는 사람'에게 있어 가장 중요한 가치관은 교육현장에서 실천하는 것입니다. 실천 없는 가르침은 말의 성찬에 지나지 않습니다.

배움

학교는 가르치고 배우는 곳입니다. 이 말을 부정할 사람은 아무도 없습니다. 여기서 '기르침'은 선생님들의 몫입니다. 반면 '배움'은 학생들의 몫입니다.

배움에 관한한 『논어』 「학이學而」 첫 편에 나오는 말만큼 집약적으로 나타내는 말은 없다고 봅니다.

"배우고 때때로 익히면 이 또한 즐겁지 아니한가?"(學而時習之학이시습지 不亦說乎불역열호)

너무도 평범한 말이고 누구나 이해할 수 있는 말입니다. 하지만 내용을 찬찬히 뜯어보면 만만하지 않습니다. 학생들이 학교에서 배우고, 이것을 예습, 복습 등을 통해 익히고 나면 마음속에서 기쁨이 일어난다는 말인데, 저의 경우를 예로 든다면, 초등학교 시절이나 중고등학교 시절의 배움은 하나의 고통(?)이었습니다. 배우는 것보다는 노는 것이 더 좋았고, 골치 아픈 방정식을 익히는 것보다는 딱지치기 기술이나, 자치기 기술을 익히는 것이 훨씬 더 즐거웠습니다.

어린 시절 나에게 주어진 현실은 배움이라는 것보다 노는 것이 훨씬 더 좋았는데, 논어에서 말하는 '학學'과 '습習'은 2,500년을 지난 오늘날에도 사람들의 입에 오르내리고 있습니다. 이것은 제가 보기에 이 '학'과 '습'이 있었기에 사람은 사람답게 살아갈 수 있다는 것입니다. 서양의 모 철학자는 교육을 '문명된 삶으로의 입문'이라고 정의합니다.

우리는 태어나면서 사회라는 모듬살이에서 살아갑니다. 이 모듬살이에는 모종의 규칙과 관습, 가치관 등이 있으며, 각 개인의 헌신을 요구하고 있습니다. 내 마음대로 할 수 없는 것이 모듬살이의 기본입니다.

내 마음대로 하는 것이 바로 사私라고 한다면, 반면 사회의 룰을 지키며 그 범위 내에서 자율적으로 하는 것이 공公입니다. 교육은 바로 사에서 공으로 입문시키는 과정입니다.

이런 점을 염두에 두고 '학'과 '습'의 의미를 살펴보도록 하겠습니다.

학은 본받는다는 의미입니다. 학교나 그밖에서 일어나는 제 현상을 보고 학생들은 그것을 본받는 것입니다. 이것 때문에 맹자 어머니는 맹자를 위하여 세 번이나 이사합니다. 맹모삼천지교孟母三遷之敎가 바로 그것입니다. 학교에서 학생들이 가장 많이 본받는 사람은 학급 선생님입니다.

'습'은 '되풀이 한다'는 의미입니다. 어린 새가 자라나면서 날개짓을 익혀 어미새 둥지를 떠나는 과정을 말하고 있습니다. 아무리 잘 나는 새도 처음부터 잘 날 수는 없습니다. 어릴 때 어미에게 배우는 과정이 필요합니다. 이 습은 교육과정에서 정말 중요합니다. 한번 배워 주었다고 하여 학생들이 안다고 한다면 우리가 존재할 존재의 근거를 상실한다고 하여도 지나친 말이 아닙니다.

우리는 끊임없이 같은 내용을 반복합니다. 습관화될 때까지 이 되풀이 과정의 차이가 초등과 중등교육이 가는 길을 다르게 한다고 생각합니다. 용변 습관을 기르기 위해 초등교사인 우리는 끊임없이 반복하고, 구구셈을 익히도록 심지어 곡조를 붙이기도 합니다.

어른인 우리가 보기에 너무나도 사소한 것을 우리는 너무나도 중요한 것으로 보고 가르칩니다. 이것이 바로 초등학교라는 말 안에 들어 있는 '기초와 기본 교육'입니다. 본받고 익히는 것을 합하여 우리는 '학습'

이라고 합니다.

　마지막으로 '열說'입니다. '열'은 기쁘다는 의미입니다. 배우고 익힌 다음에 오는 기쁨을 말하고 있습니다. 비코츠키의 '근접 발달 이론'처럼 학생들을 인도해 나가다 보면 학생들이 학습열에 의한 성취의 기쁨을 느끼면서 서서히 '하기 싫음'에서 '해 봄'으로 나아가게 됩니다.

　기쁨(즐거움)을 두고 말하자면, 교육은 배움을 통해 개인의 기쁨에서 공동의 기쁨으로 나아가는 과정입니다. 이를 학이편 첫 장에서는 열悅과 락樂으로 나타내고 있습니다(有朋自遠方來유붕자원방래 不亦樂乎불역락호).

　배워서 아는 기쁨은 나 혼자의 기쁨이지만, 친구나 주위 사람과 그것을 나누면 공동의 기쁨(즐거움)이 됩니다.

공부

　순자는 그의 글「권학勸學」서두에서 '공부는 끊임없이 해야 한다(學不可以已학불가이이)'고 했습니다. 해인사 원당암에 가면 '공부하다 죽어라'는 나무기둥이 있습니다. 공부! 공부! 공부! 배움과 관련된 곳치고 이 공부는 떠날 수 없습니다. 심지어 "공부해서 남주나"는 말도 있는 것처럼, 우리는 끊임없이 공부하고 또 공부를 가르치고 있습니다.

　공부가 무엇이냐는 말은 밥은 왜 먹느냐는 말처럼 지극히 당연한 것처럼 들릴지도 모릅니다만, 여기서는 우리의 학창시절을 되돌아보면서 동양 삼국이 어떤 한자로 공부를 표기하였는지 알아보겠습니다. 그리고 공부의 단어 속에 담긴 의미를 알아보도록 하겠습니다.

　우리는 공부를 工夫라는 한자로 나타냅니다. 중국은 염서念書입니다. 일본은 면강勉强입니다. 사전적 정의로 보면 공부는 '학문이나 기술 등을 배우고 익힘'으로, 염서는 '책을 읽음'으로, 면강은 '억지로 하거나 시킴'

으로 풀이하고 있습니다.

　신규 선생님들은 어린 시절로 돌아가 어떤 단어가 가장 가슴에 와 닿는지 생각해 보십시오. 아마도 대부분의 선생님들이 '면강'이 가장 가슴에 와 닿는다고 할 것입니다. 경험에 비추어 보면 공부는 하기 싫습니다. 하기 싫어도 어른인 우리가 아이들에게 끊임없이 공부하라고 하는 것은 그들의 삶에 좋은 영향을 주기 때문입니다.

　특히 초등학교에서는 처음에는 억지로 하지만 소소한 성취감을 이루면 그것에 점차 빠져들어가는 것입니다. 초등학교 교과서가 학년마다 난이도를 달리하는 것도 바로 이런 의미입니다. 옛 사람들도 이 점을 놓치지 않고 있습니다. 『소학小學』에 나오는 가르침의 순서를 보면 오늘날과 하등의 다름이 없습니다.

　'사람을 가르칠 때에는 순서가 있다. 먼저 작은 것과 가까운 것부터 가르치고 이후에 큰 것과 먼 것을 가르친다'(君子敎人有序군자교인유서 先傳以小者近者선전이소자근자 而後敎以大者遠者이후교이대자원자)

　지금 우리가 가르치는 개인생활, 가정생활, 고장생활, 국가 공영이나 『대학』에서 말하는 '수신제가修身齊家 치국평천하治國平天下'도 마찬가지입니다.

　이 공부에 있어 교사인 우리는 학생들에게 할 수 있는 것을 제시해야 한다는 점입니다. 맹자는 『맹자孟子』에서 사람의 행위를 '할 수 없는 것(불능不能)'과 '하지 않는 것(불위不爲)'으로 나누어 설명하고 있습니다. 할 수 없는 것은 우리의 능력으로 불가능한 것입니다.

　예를 들어 사람들은 아무리 뛰어난 재능을 가지고 있다 하더라도 100미터 높이까지 점프하지 못합니다. 이것은 할 수 없는 것입니다. 그러나 우리가 사전에 교재 연구를 하여 아이들 수준에 맞게 학습내용을 제공하는 것은 충분히 할 수 있는 일입니다. 만약 그렇게 하지 못한 경우는 할 수 없는 것이 아니라 하지 않는 것입니다.

대부분의 사람들이 공부를 자발적으로 하는 것을 어려워합니다. 초등학교 단계는 바로 이러한 학생들을 '자발적'으로 입문시키려고 하는 가장 초보적인 단계라고 볼 수 있습니다. 기초와 기본의 충실이라는 이 말은 우리 초등학교에서 떠날 수 없는 말입니다. 기초와 기본은 윗 단계를 충실히 하는 바탕입니다.

교사의 역할

실제 교육현장에서는 각 교과마다 가르치는 방법이 다를 수밖에 없습니다. 여러 교과 중에 수학, 과학을 보더라도 가르치는 방법은 확연하게 다릅니다.

수학은 약속에서 출발합니다. 1 더하기 1은 2라는 약속에 의해 가르침이 시작됩니다. 그리고 학년을 더하면서 난이도를 더해 갑니다. 반면 과학은 실험이나 관찰을 통해 어떤 사실이나 원리를 알아갑니다. 여기에 더해 우리는 인성교육도 해야 하고, 위생지도, 생활 안전지도도 해야 합니다. 이런 점에서 교사인 우리는 학교 내에서 할 일이 많습니다. 이런 교사의 역할을 맹자는 5가지를 제시하고 있습니다.

『맹자孟子』「진심盡心」 상上에서 군자에게는 가르침이 다섯 가지가 있다고 하면서,

첫째, 가뭄에 내리는 단비처럼 가르치는 것을 들고 있습니다.

가뭄에 내리는 단비. 얼마나 기다리고 기다리던 비입니까? 농부의 심정을 조금만 안다면 이 단비의 고마움을 알 수 있습니다. 교육에서도 단비가 필요한 경우가 있습니다. 학습자가 몰라서 애타게 찾을 때 갈증을

시원하게 해소해 주는 단비처럼 가르치는 것을 말합니다.

둘째, 인성교육입니다.

우리는 간혹 어떤 사람을 보고 '저 사람은 친절한 사람'이라고 하였을 때 그 판단하는 기준을 나름대로 가지고 말합니다. 친절한 사람은 친절한 행동을 평소에 하였기에 친절한 사람으로 평가 받는 것입니다. '친절한 사람'은 타인에게 친절을 실천함으로서 친절한 사람이 되는 것입니다. 덕에는 바로 이런 실천의 의미가 들어있습니다.

셋째, 재능교육입니다.

사람마다 얼굴이 다르듯이 사람마다 가지고 있는 재능은 다릅니다. 이 때문에 대학도 문과와 이과로 분리되는 것이 아니겠습니까? 교육은 어느 면에서 더하기와 빼기 교육이 겹쳐지면서 이루어진다고 볼 수 있습니다.

잘못된 습관과 같은 것은 당연히 빼기를 해야 하지만, 각자가 가지고 있는 재능과 소질 같은 것은 꽃피울 수 있도록 격려하고 응원하면서 끊임없이 채워주어야 하고, 또 이를 바탕으로 스스로 채워야 합니다.

넷째, 문답교육입니다.

학생들이 모르는 것을 물었을 때 답해 주는 교육입니다. 우리가 경험적으로도 알 수 있듯이 무엇을 모를 때 묻는다는 것은 사전 지식이 갖춰지지 않으면 물음이라는 것 자체가 나올 수 없습니다.

물음 또한 배움의 과정에서 나오는 것으로 학생들이 세상의 현상이나 원리에 대해 물음을 가질 수 있도록 교사인 우리는 끊임없이 안내해야 합니다.

다섯째, 간접교육의 사숙私淑입니다.

이 간접교육은 교육에 있어 중요하고도 중요합니다. "말을 물가까지 끌고갈 수 있지만 물을 먹일 수 없다"는 말처럼 교육에서 가장 중요한 것은 학습자의 자발성입니다.

이 사숙은 시대와 공간을 초월합니다. 내가 지금 논어를 공부한다고 하면 논어에 나오는 공자는 2,500년 전의 사람으로 직접 만날 수 없습니다. 하지만 논어라는 책을 보는 순간, 나는 공자와 그의 제자들을 끊임없이 만나고 대화합니다. 공자의 삶을 통해 내 자신을 새롭게 합니다. 위인전을 읽는 것도 마찬가지입니다. 위인의 행적을 통해 나 자신도 그렇게 되려고 하는 감정이 이입됩니다.

이와 더불어 공자와 맹자는 다 같이 가르침의 엄격성에 대해서도 말하고 있습니다. 맹자는 "가르침에는 여러 가지 방법이 있다. 내가 내키지 않을 때 가르치지 않는 것. 이것 또한 가르침의 한 방법이다"(孟子曰맹자왈 教亦多術矣교역다술의 子不屑之敎誨也者여불설지교회야자 是亦敎誨之而已矣시역교회지이이의)라고 하였습니다.

학교에서 학습자가 학습태도가 되어 있지 않다고 하여 가르치지 않을 수 없습니다. 그렇다면 이것은 어떻게 보아야 할까요? 제가 보기에 초등학교에서의 교사는 학생에게 '하기 싫은 것'을 '할 수 있도록' 안내하고 가르치면서 그것이 점차 습관화의 길로 나아가도록 해야 합니다. 하기 싫은 것을 할 수 있도록 하는 것. 여기에 교사의 경험이나 이론, 기술 등이 필요합니다.

바탕 마련교육

『논어』「팔일八佾」편에 공자는 제자와 시詩를 논하면서 회사후소繪事後素라는 말을 했습니다. "그림은 흰 바탕이 있고 난 뒤 그릴 수 있다"는 말입니다. 지극히 상식적인 말입니다.

이 말만큼 초등학교의 성격을 대변하는 말이 없다고 생각합니다. 물론 이 말은 공자와 자하가 예禮(형식)와 인仁(내용, 본질)의 관계에 대한 설명입니다. 아무리 예의를 갖추고 인사를 해 본들 속으로 경멸의 마음이나 미움의 마음을 가지고 인사한다면, 그것은 예의에 맞는 것이 아닙니다. 회사후소는 이 점을 지적하고 있습니다. 학교교육도 마찬가지입니다.

한 개인이 인생이라는 노정에서 자신만의 그림을 그리려고 한다면, 제일 먼저 그 바탕이 되어 있어야 합니다. 그렇다면 초등학교에서 바탕교육은 무엇일까요? 그 출발점은 기초와 기본교육의 충실입니다. 초등학교에서 기초교육과 기본교육은 모둠 세트처럼 떨어질 수 없는 필수 요소입니다. 학력에서 기초학력이 필요하면, 사람살이에서 사람답게 살기 위해서는 기본교육이 필요합니다.

복도를 뛰지 않는 어린이와 복도를 뛰지 않는 대학생. 여기에 우리 초등학교가 가야 할 교육이 모두 들어 있다고 생각합니다.

신규교사는 교육에서 요구하는 규칙이나 가치관 등에 입문하는 사람으로, 입문의 동기도 중요하지만 입문 후 자신의 길을 어떻게 걸어가야 하는가도 중요합니다.

남들이 가던 길을 그대로 가는 사람도 있을 것이며, 남들이 가지 않는 길을 가려고 하는 사람도 있을 것입니다. 전자를 답습이라고 한다면, 후자는 어느 면에서 개척입니다. 우리 교육은 답습도 필요하고, 개척도 필요합니다. 좋은 것은 답습해야 하며, 그렇지 않는 것은 새로운 길을 열어가야 합니다.

그 어떤 길을 가든 여기에는 이론과 경험이 필요합니다. 왜냐하면 교육은 사람을 대상으로 한다는 점에서 더욱 그러합니다.

24분의 8이 지닌 의미

공평의 사전적 의미는 '어느 한쪽에 치우침이 없고 고름'입니다. 이 공평의 사전적 의미처럼 사람 모두가 고르게 갖고 있는 것이 무엇이냐고 묻는다면, 아마도 시간이 아닐까요?

24시간은 하루를 의미하지만, 이 24시간은 누구에게나 주어진 시간입니다. 이 주어진 24시간 중 우리는 8시간을 근무하고 있으며, 또 이것을 누구나 알고 있습니다. 저는 하루 24시간을 분모로 하고 교육활동이 이루어지는 8시간과 그 나머지 16시간을 분자로 구분합니다.

8/24라는 분수가 무얼 의미하는지? 여기서는 약분하여 1/3이라고도 할 수 없는 분수입니다. 8/24라는 분수는 위에서도 말했듯이 우리의 교육활동이 전개되는 시간을 말하는 것으로, 주어진 24시간을 좀 더 세분화하여 본다면, 우리의 공적인 삶은 결국 8/24 + 16/24의 구조 속에서 살아가는 것임을 알 수 있습니다. 우리가 교육에 대해 진지하게 고민하는 것도 결국 8/24이라는 분수를 알차게 하기 위해서입니다.

8/24이 교육활동 시간이라면, 나머지 16/24을 8/24+8/24로 나누어 볼 수 있습니다. 이 중 8/24을 수면 시간으로 보면, 남는 것은 8/24입니다. 이 남은 8/24이 각 개인이 자율적으로 행동할 수 있도록 개인에게 주어진 분수입니다. 물론 하루 8시간을 자지 않는 사람과 더 많이 자는 사람은 남은 8/24에서 분자의 숫자는 달라질 것입니다.

결국 우리 자신이 어느 정도 자유롭게 이용할 수 있는 시간은 8시간 입니다. 이 8시간을 어떻게 이용하느냐에 따라 개인의 삶이 달라지며, 16/24은 개인의 의지에 따라 얼마든지 분자의 숫자가 바뀌어질 수 있는 분수입니다.

즉, 8/24이 법적인 매뉴얼 속에서 이루어진다면 16/24는 개인의 자율적 의지에 의해 이루어집니다. 이 시간은 사적 영역으로 자신의 삶을 가꾸는 귀중한 시간입니다.

하루에 1시간씩 1만 시간을 투자하면 안 되는 것이 없다는 말이 한때 유행하였습니다. 하루에 1시간은 바로 이 16/24에 해당되는 것입니다. 잠자고, 사회생활하고, 독서하고, 여가시간을 즐기고 하는 것이 바로 16/24입니다. 예를 들어 선생님들이 대학원에서 공부하는 것도 바로 이 16/24의 분수 속에서 이루어진다고 할 수 있습니다.

8/24이 잘 되기 위해서는 16/24가 뒷받침되어야 한다는 것을 알 수 있습니다. 내가 아무리 잘 가르치고 싶어도 그에 대한 광범위한 배경 지식이 없으면, 소기의 성과를 거두기 어렵습니다. 이른바 '가르치는 행위'가 8/24에 해당된다면, 이를 뒷받침하는 개인의 연수, 독서, 여가 활동, 수면 등은 16/24에 속합니다.

8/24, 그리고 16/24은 우리 삶에 분리되어 생각할 수 없는 분수입니다. 단지 글을 풀기 위한 하나의 방편으로 무리하게(?) 구분하였다고도 볼 수 있습니다. 개인의 가치관에 따라 8/24는 9/24가 되기도 하고, 10/24이 되기도 합니다. 또 16/24은 수면시간을 늘이거나 줄이는데 따라 분자의 숫자는 달라지기 마련입니다.

누구에게나 주어진 24시간을 가만히 들여다 보면, 교육활동을 하는 우리에게 개인적으로 주어진 시간은 16시간입니다. 이 시간을 어떻게

활용하고, 어떻게 이용하는가는 오로지 개인의 몫입니다. 나는 시간을
어떻게 활용하고 있는지, 한번쯤 생각해 볼 일입니다.

2부
교육

독서를 생각함

저에게 '독서'라는 단어를 가지고 제일 먼저 떠오르는 것이 무엇이냐고 묻는다면, 망설임없이 '가을', 그리고 '천고마비天高馬肥'를 떠올릴 것입니다. 어릴 때부터 독서하면 가을이었고, 가을하면 천고마비를 말했기 때문입니다.

하늘은 높고 말이 살찌는 이 가을의 선선한 날씨, 책 읽기가 얼마나 좋은가! 그래서 학생 여러분, 가을은 독서의 계절이라 책을 많이 읽는 사람이 되자고 했고, 그래서 가을은 독서와 너무나 잘 어울리는 계절이 된 것 같습니다.

하지만 통계상으로 우리나라 사람들이 책을 가장 많이 읽는 계절은 가을이 아니라 여름이라고 합니다. 그런데 가을과 함께 독서를 하라고 했는데, 왜 독서를 해야 하는지에 대한 이유나 근거는 별로 들어본 적이 없습니다. 있다면 '독서는 마음을 살 찌운다', '독서는 마음의 양식이다', '독서는 인생의 길라잡이다' 정도였고, 구체성이 어느 정도 결여된 말로 들렸습니다.

어느 시대치고 독서를 강조하지 않은 적이 없었습니다. 동서양 혹은 시대를 막론하고 우리 인류가 끊임없이 '독서'를 강조하는 것은 독서와 인간의 삶이 강한 정적(positive) 관계 때문이 아닌가 생각합니다. 즉 독서는 우리의 삶에 도움을 준다는 것과 같습니다.

만약 독서가 우리의 삶에 도움을 준다면 어떤 식으로 도움을 주는지, 그리고 독서라는 단어 속에는 어떤 의미가 들어 있는지 나름대로 풀어보고자 합니다. 먼저 독서의 의미를 한자를 가지고 풀어봅니다.

독서는 한자로 讀書입니다. 읽을 讀독과 책 書서로 구성되어져 있습니다. 이 중 먼저 읽을 讀 자를 파자破字해 보면, 말씀 言언과 팔 賣매로 구성되어져 있음을 알 수 있습니다. 파자에서 알 수 있듯이 읽을 독은 결국 '말을 판다'는 의미입니다. ─물론 이 파자 풀이가 정확한 지는 별도로─

우리가 물건을 사고 파는 것을 매매賣買라고 합니다. 이른바 '팔 賣'와 '살 買'입니다. 이 팔 매와 살 매의 차이는 선비 士사가 있고 없고의 차이입니다. 여기서 주목하는 점은 바로 이 선비를 뜻하는 士입니다. 사士는 요즈음으로 본다면 '교육받은 사람'으로 자신의 양심에 따라 행동하는 사람이라고 볼 수 있습니다.

그런데 팔 賣매에 선비 士사가 들어있습니다. 이것은 '상거래 질서의 확립'에 있어서 필요한 전제입니다. 만약 사는 사람 즉, 살 매買에 선비 士사가 있다고 한다면, 이는 바로 상거래 질서의 파괴를 초래할 것입니다.

팔 매賣자에 선비 사士가 있다는 것은 그만큼 파는 사람의 양식을 중요시했다고 볼 수 있습니다. 여기서 사의 의미는 바로 교육받은 사람이면 누구나 가지고 있는 기본적인 삶의 태도를 말한다고 볼 수 있습니다.

그렇다면 독서에서 讀독이 '말을 판다'고 하는 의미는 바로 많은 책을 읽고 느끼면서 세상을 보는 안목을 넓히고 보다 합리적으로 말과 행동을 하라는 의미가 들어있다고 보아야 합니다. 비록 '말을 판다'고 하였지만, 이 말에는 행할 行행도 들어있다고 보아야 합니다.

말과 행의 문제는 옛날부터 끊임없이 제기된 문제입니다. 『논어』에 보면 눌언민행訥言敏行이라는 말이 있습니다. 군자 즉, 교육받은 사람은 말은 어눌하게 하지만 행동은 민첩하게 하라는 말입니다. 말의 성찬에 대해 경계하는 말입니다. 독서가 우리들의 삶에 도움을 주는 것이라고 한다면, 또 독의 부수에 말씀 言^언이 있다는 것은 곧 말의 화려함 교언영색 巧言令色을 경계하는 것이라고도 볼 수 있습니다.

서書는 책 書서입니다. 서書에는 책의 의미도 있지만 '쓴다'의 의미도 있습니다. 그러므로 독서의 서를 책으로 본다면 독서는 '책을 읽는다'는 의미이며, 서를 '쓴다'로 본다면 독서는 '읽고 쓰는' 의미가 됩니다.

몇 년 전 TV에서 백범 김구 선생님의 글과 이완용의 글을 가지고 경맷가를 매기는 프로그램이 있었습니다. 김구 선생님의 글은 만년에 수전증으로 인해 글의 획이 한마디로 비뚤비뚤하였습니다만, 이완용의 글은 당대의 명필답게 문외한인 제가 보아도 잘 쓴 글이었습니다. 그렇지만 경맷가는 어찌 되었을까요? 당연히 김구 선생님의 글이 높게 책정되었습니다. 김구 선생님의 글이 이완용의 글보다 높게 책정되는 것은 바로 글에 김구 선생이 살아온 인품이 깃들어 있기 때문입니다.

결국 '독서'란 '사람이 살아가는데 있어 자신의 말과 행동 및 글에 대해 책임감을 느끼면서 살아가는 삶'을 살도록 하는데 그 밑바탕이 된다는 것으로 나름대로 정의해 봅니다.

독서라는 개념이 이렇다고 한다면, '학교에서 독서교육을 하는 목적은 무엇일까?'에 앞서 독서와 독서교육은 분명 구별되어야 합니다. 예를 들어 금고털이범이 은행 금고를 털기 위해 금고에 관련된 많은 책을 읽고 금고를 털었다고 합시다. 이 금고털이범은 분명 금고에 관련된 많은 책을 읽었습니다. 즉 독서량이 많았을 것입니다.

하지만 이것은 사회적으로 용납되지 않습니다. 독서를 잘못 적용한 경우입니다. 학교에서 행하는 모든 것은 '교육'이라는 의미가 들어있습니다. 예를 들어 학교 급식의 경우에도 교육이라는 개념적 의미가 들어 있습니다.

사람이 하루 세끼 밥을 먹는다고 한다면, 학교에서는 점심이라는 급식을 통해 위생교육, 식사예절 등 이러한 교육적 요소를 학생들에게 내면화하도록 하고 있습니다. 마찬가지로 학교에서의 독서는 그냥 독서가 아니고 독서교육입니다. 즉, 독서를 통해 가치로움을 지향한다는 것을 말합니다. '가치로움'도 보기에 따라 여러 가지로 말할 수 있겠지요.

독서교육을 통해 우리는 학생들에게 다음과 같은 가치로움을 심어주려고 하는 것입니다.

첫째, 경험의 확장입니다.

사람은 살아가면서 수많은 경험을 하고 살아갑니다. 사람이 살아가면서 겪는 경험의 중요성은 '노마지지老馬之智'의 예에서 잘 알 수 있습니다. 전장에서 길을 잃은 무리가 전쟁 경험이 많은 늙은 말이 이끄는 대로 가다 보니 길을 찾을 수 있었다는 이야기입니다.

이러한 경험의 중요성은 정작 생활에서 더욱 빛이 납니다. 자연의 변화에 따라 인간의 생활이 많은 영향을 받는 시대에는 나이 드신 분들의 경험적 지식이 빛을 발합니다.

하지만 우리는 모든 것을 직접 경험하면서 살 수 없습니다. 독서는 바로 우리의 삶에 있어서 내가 해 보지 못한 혹은 겪어 보지 못한 경험을 할 수 있게 합니다. 이른바 간접경험입니다. 우리가 살아가면서 중요한 것은 바로 이 간접경험입니다. 왜냐하면 직접경험은 직접이라는 말의 의미처럼 내 스스로 참여하여 느껴야 하는데 한계가 있을 수밖에 없습니다. 하지만 간접경험의 하나인 독서는 본인 스스로가 겪어보지 못한 경험의 세계로 인도합니다.

예를 들어 『백범 김구 일지』를 읽는다고 한다면 거기에는 백범 선생님의 생각과 그 당시 상황, 나라를 되찾으려는 불굴의 의지 등등을 간접적으로 느낄 수 있습니다. 이 느낌을 통해 독자는 자신의 삶을 반추해 보고 삶에 대한 생각을 다시 할 수도 있습니다.

둘째, 사고의 유연성입니다.

우물 안에 사는 개구리는 우물 안이 자신이 아는 세계의 전부라고 여깁니다. 이른바 우물 안이 자신의 소왕국이며, 그 속에서 왕이라고 생각하면서 살아갑니다.

우물 밖 세상으로 나오려는 시도조차 하지 않은 개구리에게는 당연한 논리입니다. 플라톤은 이런 생각을 동굴에 비유하고 있습니다. 평생 동굴의 벽면만을 보고 살아온 사람은 햇빛이 들어와 비치는 동굴 벽면의 모습만이 세상의 참모습이라고 생각합니다. 그 중 한 사람이 우연한 기회에 동굴 밖을 나와 동굴 안과 다른 세상을 보고 동굴 안 사람들에게 바깥 세상은 이렇다 저렇다고 말해 본들 믿지 않습니다.

플라톤은 세상의 참 존재인 이데아idea를 설명하기 위해 예를 든 것이지만, 사고와 관련하여 보면 이른바 동굴 안 사람들은 사고가 경직되어 있을 수밖에 없습니다.

우리는 세상을 살면서 자신만의 세계에 사로잡혀 남의 생각을 잘 들으려고 하지 않는 사람을 종종 보게 됩니다. 이런 사람들은 자신이 경험한 세계가 곧 전부로 생각하는 사람으로 볼 수 있습니다. 독서는 바로 이러한 우물 안의 세계를 벗어나게 해줍니다. 나와 다른 생각을 가지면서 다른 세상에서 경험한 내용을 읽고 느끼고 실천하면서 '다름'은 '틀림'이 아니라, '다름'으로 생각하도록 해줍니다.

현대 사회를 다원화 사회 혹은 다양성 사회라고 한다면, 바로 이 '다름'을 '다름'으로 인정해 주는 자세가 있어야 다양성이 인정되며 이 다양성 속에서 진행되는 대화와 토론을 통해 사회의 합일점을 찾아 갈 수 있습니다. '다름'을 '다름'으로 보는 것은 관용입니다.

셋째, 시공의 초월입니다.

'고전은 국경이 없다'는 말이 있습니다. 이른바 고전은 우리 인류에게 그 무언가의 귀중한 가치를 제시하고 있는 것으로 동서고금을 막론하고 옛날이나 지금이나 끊임없이 인구에 회자되는 책입니다. 비단 고전뿐만 아니라 자신의 삶에 영향을 주는 책은 시공에 영향을 받지 않습니다.

예를 들어 『논어』 「학이」 편 첫 장에 "세상이 나를 알아주지 않아도 성내지 않으면 이 또한 군자가 아니겠는가(人不知而不^{인부지이불온} 不亦君子乎^{불역군자호})"라는 말이 있습니다. 저는 이 말에서 공자의 인간적 고뇌를 느낍니다. 자신의 정치적 이상을 실현하기 위해 천하를 주유했지만, 자신을 알아보는 군주가 없다는 것을 스스로 달래는 말이라고 생각하기 때문입니다.

즉, 아는 것이 많고 실천력이 강하며 다재다능한 자신에게 나라의 경영을 맡기면 3년 안에 천하를 안정시킬 수 있다고 자부하고 있지만, 당시 사람들이 너무나도 몰라준다는 회한을 담은 말이라고 생각합니다.

『사기史記』의 저자 사마천은 자신의 친구인 임안에게 왜 자신이 수치스러운 벌(궁형)을 받고도 살아가야 하는 이유를 편지글로 남기고 있습니다. 사마천의 입장을 감정 이입하여 보면 가슴이 뭉클해짐을 느낄 수 있습니다.

성경에서는 예수의 고민을 만날 수 있고, 불경에서는 석가의 고뇌를 만날 수 있습니다. 독서는 이처럼 시간과 공간을 초월하여 자신과 관계

합니다.

'박물관은 살아있다'라는 영화가 있습니다. 박물관에 전시된 표본들이 밤이 되면 살아서 주인공과 좌충우돌하는 내용인데, 책 속의 내용이 끊임없이 우리의 삶에 영향을 주고 있다는 점에서 본다면 '책도 살아있다'라고 볼 수 있습니다. 즉 책과 우리의 삶은 유기체적으로 관련되어 있다고 볼 수 있습니다.

강감찬과 을지문덕, 세종대왕은 역사적 인물로서 실체는 사라졌지만, 책의 내용 속에서는 아직도 살아서 움직이고 있습니다.

옛사람이 바라본 독서

　우리는 세상을 살아가면서 수많은 경험을 합니다. 비가 오면 우산을 쓴다는 것은 비에 대한 경험이 있기 때문에 가능합니다. 이처럼 우리는 경험을 통해 세상을 살아가지만, 모든 것을 자신이 모두 경험할 수 없는 것 또한 사실입니다.

　만약 우리가 살아가면서 알아야 할 것이 자신의 직접 경험을 통해서만 된다면, 우리의 앎이란 지극히 보잘 것 없을 것입니다. 또한 이것은 자신의 세계에 갇혀 있는 우물 안 개구리와 같다고 할 수 있습니다.

　그러나 우리에게는 간접경험이라는 또 하나의 세계가 존재합니다. 이 간접경험이야말로 자신의 세계를 넓혀주는 하나의 중요한 열쇠입니다. 왜냐하면 우리는 살면서 활동하는 공간이나 시간이 한정되어 있기 때문입니다.

　미국을 알기 위해 미국에 직접 가 본다는 것도 그렇지만 가서 본다고 하여도 미국의 본질을 알기 위해서는 여러 분야의 전문가에게 손을 빌리지 않을 수 없습니다.

　"문 밖을 나가지 않아도 천하를 안다(不出戶知天下불출호지천하)"는 말처럼 내가 꼭 하지 않아도 우리는 다른 사람의 경험이나 생각을 빌려서 나 자신의 것으로 만들 수 있는 능력을 가지고 있습니다. 이런 면에서 독서는 중요합니다. 책을 읽는다는 것은 책 속에 있는 사실, 생각이나 느낌,

가치관 등을 느끼면서 자신의 것으로 만들어 보다 나은 '합리적인 사람'으로 나아가기 위한 것입니다.

그렇다면, 옛날 사람들은 독서에 대해 어떤 생각을 가지고 있었을까? 먼저 독서하는 방법에 대해 주희는 독서삼도讀書三到를 말하고 있습니다. 독서삼도는 구도口到, 안도眼到, 심도心到를 말합니다. 책을 읽을 때 입으로 잡담하지 말고, 눈은 오로지 책에만 집중하며, 마음으로 책의 내용을 몇 번이고 숙독하다 보면 자연스럽게 그 책에 담긴 내용을 알 수 있다는 말입니다.

한마디로 독서를 한다는 것은 온 정신을 집중한다는 것과 같습니다. 옆 사람과 떠들어가면서, 혹은 눈이 텔레비전 화면을 오가면서, 마음은 집밖 놀이터에 가 있으면서 책을 본다면, 책의 내용이 머리에 들어올 리가 없습니다. 이것은 상식적으로 생각해 보아도 알 수 있습니다. 입, 눈, 마음을 한 곳으로 모은다는 것은 정신을 집중한다는 것으로 집중이란 어떤 곳에 몰입하는 과정이라고 볼 수 있습니다.

율곡 선생도 주희와 마찬가지로 독서하는 방법에 대해 입으로만 책을 읽고(口讀구독) 마음으로 느끼지 못하고(心不體심불체), 몸으로 실천하지 못하면(身不行신불행) 책은 책일 따름이요(書自書서자서), 나는 나일 따름(我自我아자아)이라고 하였습니다. 즉 집중하여 책을 읽은 다음, 그것이 실천의 장으로 옮겨져야 한다는 점을 말하고 있습니다.

책을 읽은 뒤 마음으로 느끼고 몸으로 실천하는 내용이 무엇인가에 대해 율곡 선생은『격몽요결擊蒙要訣』「지신장持身章」에서 생활 속에서 매사 공손(居處恭거처공)하고, 일을 하는데 있어 최선(執事敬집사경)을 다하고, 사회생활을 할 때는 진실(與人忠여인충)하게 하는 것 등등의 예를 제시하고 있는데, 이 모두는 우리가 평소 살아가는 과정에서 보다 합리적인 삶을 사는데 독서의 의미를 두고 있다고 생각합니다.

이상에서 보듯이 독서하는 방법은 결국 책의 내용을 자신의 몸에 붙이는 작업과 같다고 할 수 있습니다. 몸에 붙인다는 것은 책의 내용이 내면화되어 있다는 말과 같습니다. 그리고 고전은 '최고의 가치'라는 의미를 가지고 있습니다. 최고의 가치를 가지고 있는 책이니 당연히 읽어야 하겠습니다. 하지만 현실은 그렇게 녹녹하지 않습니다. 이유는 여러 가지 있겠지만, 가장 큰 이유는 우리가 읽어야 할 대부분의 고전은 거의 모두가 그 시대의 언어로 되어져 있다는 점입니다.

그러나 다행히(?) 번역된 책들이 많아 이 점은 어느 정도 해결되고 있습니다. 물론 원본의 맛을 알려면 원문을 그대로 보는 편이 낫겠습니다만, 모든 것을 갖추기엔 우리의 삶이 너무나도 할 것이 많습니다.

두 번째, 시대적 배경이 다르다는 것입니다. 2,500년 전에 살던 사람들이 고민한 것과 오늘을 사는 우리가 고민하는 내용은 다를 수밖에 없습니다. 예를 들어 논어에서 공자가 말한 내용 모두가 오늘 우리에게 그대로 통할 수 없습니다. 그러나 보다 나은 삶, 보다 나은 사회 건설이라는 '고민'은 옛날이나 지금이나 하등의 차이가 없습니다.

우리가 타임머신을 타고 가지 않는 한 2,500년 전 중국의 상황을 체험할 수 없습니다. 하지만 기록이 있기에 우리는 책을 통해 그 당시의 모습을 머릿속에 그리고 그들의 생각을 나와 현시대에 투입해 보면서 하나의 시사점을 얻습니다.

우리가 왜 고전을 읽어야 하는가에 대해 전국시대를 산 맹자도 "지금의 시대적 문제를 해결하기 위해 옛사람과 이야기한다"고 하였습니다.

"(옛 사람이 지은) 시를 읽고(頌其詩송기시), 책을 읽으면서(讀其書독기서), 그 사람들에 대해 모른다면(不知其人부지기인), 말이 되겠느냐(可乎가호)? 이것 때문에 그들이 살던 시대를 이야기하는 것이며(是以論其世^{시이}론기세), 이것이 옛사람들을 숭상하며 친구로 삼는 이유다(是尙友^{시상우})".

책을 지은 그들이 살던 시대와 사람을 안다는 것은 곧 그들의 고민을 안다는 말과 같습니다. 어떤 생각에서 어떤 고민을 하였고 A라는 문제에 대해 그들은 어떤 해법을 제시하였는지, 그리고 그들이 제시한 해법의 결과가 어떠했는지 우리는 오늘이라는 시간 속에서 알 수 있습니다.

고전은 이런 점에서 시간과 공간을 초월하여 우리에게 끊임없는 시사점을 제시해 주고 있습니다.

끝으로 독서를 할 때 정독이냐? 다독이냐? 이에 대해 율곡 선생은 정독을 권합니다. 한 책을 읽어 완전히 이해한 후 다음 단계의 책으로 넘어 갈 것을 권하고 있습니다.

유교 경전 중의 하나인 『대학^{大學}』에 '격물치지^{格物致知}'라는 말이 있습니다. 하나의 사물에 다가가 완전한 앎에 이른다는 말입니다. 아마도 이 대학에서 말하는 이 격물과 치지를 하기 위해서는 독서도 책의 내용(格物^{격물})에 다가가 그 속에 담긴 이치나 원리(致知^{치지})를 완전히 알아야 한다는 의미가 다독^{多讀}보다는 정독^{精讀}에 들어 있습니다.

『격몽요결』에서 율곡 선생은 '凡讀書必熟讀一冊^{범독서필숙독일책} 盡曉義取^{진효의취} 貫通無疑然後^{관통무의연후} 乃改讀他書^{내개독타서} 不可貪多務得^{불가탐다무득} 忙迫涉獵也^{망박섭렵야}'라고 하여 "독서라는 것은 반드시 한 권의 책을 완전히 익혀 그 뜻을 완전히 깨닫고 의미를 취해 관통하여 의심이 없은 후에 다른 책을 잡아야 한다. 많이 읽기를 탐해서 바삐 서둘러 섭렵해서는 안 된다"라고 말했습니다.

지금의 시대는 분명 옛날과는 다릅니다. 하지만 독서를 통해 우리가 얻고자 하는 의미는 옛날이나 지금이나 다름이 없습니다.

변할수록 같아진다

며칠 전 책을 읽는 도중 가슴에 와 닿은 말이 있었습니다. 바로 위의 '더 많이 변할수록 더 똑같다'는 말입니다. 프랑스 속담입니다. 나는 이 말을 읽었을 때 '그렇다' 세상은 많이 변하고 있지만, 사실 내면을 바라보면 뭐 그리 변한 것이 있느냐고 생각하였습니다.

우리가 지금 사용하고 있는 휴대폰을 보면, 어제 다르고 오늘 다르게 기능이 추가되어 편리함을 추구하고 있습니다. 지금은 스마트폰이 등장하여 대부분의 정보를 내 손에서 알 수 있게 합니다.

하지만 인간이 가지고 있는 기본적인 속성 중의 하나인 '정보에 대한 욕구'를 가지고 본다면 옛날이나 지금이나 변함없습니다. 휴대폰이 단지 소식을 묻고 전달하는데 치중을 두었다면 스마트폰은 정보를 검색하는 단계까지 기술이 발전한 것이지 '정보에 대한 욕구'는 똑같습니다.

인터넷의 경우에도 마찬가지입니다. 나는 지금 책상에서 인터넷으로 세상 돌아가는 것을 한눈으로 보고 있습니다. 미국의 하원 선거를 인터넷으로 보고 있습니다. 몇 백년 전 아니 백년 전의 사람이 환생하여 지금의 세계를 본다면 아마도 기절초풍할 것입니다. 삶의 패턴이 달라도 너무 다르기 때문입니다. 하지만 '신속한 정보의 전달' 측면에서 보자면 옛날에도 이와 유사한 기능을 가진 것이 있었습니다. 봉수대가 그러하고 파발마가 그러합니다.

이처럼 우리는 하루가 다르게 세상은 변한다고 하지만, 그 내면은 별로 변한 것이 없다는 것을 느낄 수 있습니다. 인간의 가장 기본적인 생활인 의식주는 그 모양이나 형태 등은 옛날에 비해 변하였다고 할 수 있지만 먹고, 자고, 입는 것 자체는 변하지 않았습니다. 쇠고기국 대신 비프스테크를 자른다고 한들 먹는 것 자체는 변함없습니다.

이를 교육에 적용해 보아도 그렇습니다. 교육도 하루가 다르게 변하고 있습니다. 하지만 이것은 교육이라는 개념 자체가 변하는 것이 아니라 교육이라는 이상을 실현하기 위한 방법이 변하고 있다는 말과 같습니다. 용어가 바뀌었다고 하여 교육이 지닌 본래적 의미 즉, 바람직하고 가치로운 인간상은 변할 수 없습니다.

교육을 논하는 장소에서 '용어의 변함'이 교육의 본래적 의미를 대체할 수는 없습니다. 변해 본들 결국은 교육을 위해 변한 것입니다. 그렇다면 '더 많이 변할수록 더 똑같다'를 '변함'과 '같음'으로 나누어 본다면, 전자는 수단으로 후자는 목적으로 볼 수 있습니다.

결국 '변함'은 '같음'을 위해 존재한다고 볼 수 있습니다. 요즈음은 소풍이라는 말을 거의 사용하지 않습니다. 대체적으로 학교에서는 현장체험학습이라는 이름으로 소풍을 대신하고 있습니다.

어릴 때 삶은 계란 하나에 즐거워하며 기다렸던 소풍이 이제는 현장체험학습으로 이름이 바뀌고 학년에 따라 차를 대절하여 멀리까지 갑니다만, 옛날의 소풍이나 지금의 현장체험학습이나 모두 그 나름대로의 교육적 의미가 있는 행사입니다.

소풍에서 현장체험학습으로 이름이 바뀐 것은 시대의 흐름에 따른 것이지만 두 명칭이 가지고 있는 교육적 의미는 변함없습니다. 즉 교육에 있어 변한다는 것은 교육적 방법이 변했다는 말과 같으며, 같다는 것은 그 속에 든 의미는 변하지 않았다는 말과 같습니다.

교육의 목적을 '가치로운 그 무엇에 대한 변화'라고 했을 때 이 가치는 눈으로 보이는 것이 아닙니다. 우리가 가치로운 행동을 했을 때 그것은 눈으로 볼 수 있을지는 몰라도 가치로움 자체는 눈으로 볼 수 있는 대상이 아닙니다.

우리가 경계해야 할 점은 바로 이것입니다. '변함'을 가시적_{可視的}인 것으로 본다면 '같음'은 비가시적_{非可視的}인 것으로 볼 수 있습니다. 이를 『논어』에서 말하는 문_文과 질_質로 풀어보자면, 『논어』 「옹야_{雍也}」편에 "바탕이 외관보다 앞서면 촌스럽고 외관이 바탕보다 앞서 이기면 겉만 화려하게 된다. 외관과 바탕이 조화를 이루어야 군자이다"(子曰質勝文則野_{자왈질승문즉야} 文勝質則史_{문승질즉사} 文質彬彬然後君子_{문질빈빈연후군자})라는 말이 있습니다.

요약하면 교육받은 사람으로서 살아가는 자세는 내용과 형식이 서로 조화를 이루어야 한다는 말입니다. 어른을 대한다고 한다면, 어른을 마음속에서 진정으로 공경하면서 겉으로도 그것이 드러나야 하고, 아이를 대한다면 진정으로 아이에 대한 자애로움을 가지면서 아이를 대하여야 합니다. 이것이 바로 문과 질, 내용과 형식의 조화입니다.

예를 들어 웃어른에게 인사를 한다면 웃어른을 마음속에서 진정으로 공경을 품고 고개를 숙여야 합니다. 겉으로는 깍듯하지만 마음속에는 미움을 가지고 한다면, 이것은 진정한 인사가 될 수 없다는 말과 같습니다.

여기서 인사하는 모습은 우리의 눈에 보입니다만, 그가 어떤 마음을 가지고 하는지는 우리들의 눈에 보이지 않습니다. 눈에 보이지 않기 때문에 대체적으로 우리는 인사하는 예법에 맞으면 저 사람 참 예의가 바르다고 말합니다. 하지만 여기에는 함정이 있습니다. 이른바 위선과 기만도 들어있습니다. 이 위선과 기만을 없애기 위해 교육이 존재합니다.

예가 길었지만 위의 문과 질을 글의 제목에 비추어 본다면 '변함'은 '문文'으로 볼 수 있습니다. '같음'은 '질質'로 볼 수 있습니다. 형식과 내용이 조화를 이루어야 군자라고 하였다면, 교육도 '변함'과 '같음'이 조화를 이루어야 합니다.

예를 들어 단위수업시간에 학습매체를 최첨단을 동원한다고 하여도 이것이 학생들에게 교육적으로 도움이 되지 않는다면 필요없습니다. 또 그것이 학생들의 흥미를 유발했다고 하더라도 교육이 가지고 있는 본래적 의미에 적합하지 않는다면 이 또한 필요없습니다.

시대와 환경이 변하면 당연히 그에 따른 삶의 방법이 바뀌는 것처럼 교육도 방법이 바뀌겠지요. 하지만 교육이 지향하는 그 의미는 변함없습니다. 그러나 우리는 때때로 눈에 보이는 것이 전부이고 좋은 것이라고 생각할 수도 있습니다.

학교에서 행하는 모든 것이 교육을 위해 있다고 한다면 교육에 대한 방법적인 변화는 교육이 지향하는 목적을 동시에 생각하지 않을 수 없습니다.

변할수록 똑같다는 의미를 거듭 새겨봅니다.

This, That

    우리는 세상을 살아가면서 하루에도 몇 번씩 '왜 이렇게 하지 않고 저렇게 해야 하는가?' 하는 선택의 기로에 서게 됩니다. 비록 그것이 사소한 것이라도 우리는 항상 이 This와 That 중 하나를 선택하면서 살아갑니다. 밥이 우리의 주식이라고 하지만, 때론 라면이 먹고 싶을 때도 있으며, 자장을 먹고 싶을 때도 있습니다. 이럴 때 우리는 This 대신 That를 선택하여 끼니를 해결합니다.

    이런 식의 This와 That는 우리의 삶에 하등의 영향을 주지 않습니다. 밥을 먹든 라면을 먹든 우리가 사는데 있어 한 끼의 식사가 무슨 그리 큰 영향을 줄 수 있겠습니까? 심지어 식이요법을 겸해서 굶는 사람도 있는 실정입니다.

    그러나 교육적 행위에서 This 와 That는 어느 정도 의미가 있습니다. 수업시간 수업매체를 활용할 때 왜 이것을 사용하지 않고 저것을 사용해야 하는가는 거기에 교육의 의미가 들어있기 때문입니다. 이런 점에서 그냥 있기 때문에, 혹은 편리하기 때문에 등등의 이유로 수업매체를 선택할 수 없습니다. 가치로움의 지향은 수업매체의 선택에 있어서도 중요합니다.

    피터즈Peters에 따르면 교육이라는 용어에는 진리를 추구하는 인지적 측면과 함께 규범적 측면에서 도덕적으로 바람직한 것이 함유되어야 하고 과정적으로 학생들의 자발성 즉, 세 가지 측면이 고루 내포되어야 한다고 하였습니다.

이런 면에서 본다면, 교육에서의 This와 That의 선택은 참으로 신중해야 합니다. 내가 편리해서 This를 선택할 수 없으며, 학생들이 좋아한다는 이유 하나만으로 That를 선택할 수 없습니다. This와 That의 선택에는 바로 교육적으로 바람직한 것을 선택해야 한다는 것이 논리적으로 가정되어 있다는 의미입니다. 비록 지금의 잘못된 선택의 영향으로 학생들이 받는 영향은 그리 크지는 않다고 할 수 있지만, 교육의 논리에 비추어 볼 때 신중한 선택이 요구된다고 할 수 있습니다.

교사가 행하는 모든 교육적 행위의 선택에 있어 신중함과 사려 깊음이 없으면, 교육의 질적 저하를 야기할 것입니다. '왜 이렇게 하지 않고 저렇게 해야 하는가?'에서 우리가 만약 '저렇게' 한다면, 우리는 그에 대한 합리적인 이유와 근거를 가지고 있어야 합니다.

『논어』의 '학이시습지學而時習之 불역열호不亦說乎'는 바로 이런 점을 상기시켜 준다고 생각합니다. 배우고 때때로 익히면 이 또한 즐겁지 아니한가라는 지극히 평범한 말 속에 우리는 This와 That를 선택하는 힘이 들어 있다고 보아야 합니다. 우리가 배우고 익히는 모든 것은 '교육을 교육적으로 바라보는 눈(안목)을 기르기 위해서'라고 해도 별 무리가 없습니다.

예를 들어 한 산업스파이가 기업의 중요한 기밀을 빼내어 딴 회사에 팔다 잡혔다고 생각해 봅시다. 경제인의 눈에는 이것이 금전적 손실로 다가 올 것이고, 법조인의 눈에는 법망의 허술함, 수사력 등으로 바라볼 것입니다. 그렇다면 교육자의 눈에 이것은 교육적인 가치 즉, 기업윤리의 상실, 애사심의 희박, 책임감의 희박 등으로 비추어지며 이에 대한 교육을 강화할 것입니다.

우리가 This와 That 중 하나를 선택한다는 것은 바로 이러한 교육적 안목을 가지고 선택해야 한다는 것과 같습니다. '왜 이렇게 하지 않고 저렇게 해야 하는가'에는 바로 수업의 질과 함께 윤리의식이 들어있으며, 이는 우리가 학생들을 가르칠 때 도덕적으로 고민해야 한다는 것을 의미합니다. 물론 학생들의 심리적 요인과 학교의 물리적 환경 요인 등도 생각해 보아야 하지만, 도덕적 책임의식이 선행한다고 볼 수 있습니다.

간혹 우리는 This와 That 중 어느 것을 선택하여도 무방하다고 생각할 수 있습니다. 그러나 교육을 하는 동안 이 점은 항상 우리들의 뇌리를 떠날 수 없는 문제입니다.

이런 면에서 우리의 삶은 This와 That의 선택이라는 연속 선상에 있다고 볼 수 있습니다.

그때 그 시절

디지털교과서를 활용한 수업 연구 보고회를 다녀왔습니다. 한 시간 동안 수업시연을 보면서, 저의 머릿속에는 단원 김홍도의 〈서당〉 그림이 떠나지 않았습니다. 어떤 잘못으로 한 학동이 훈장 선생님에게 혼이 나는 장면과 함께 주위 학동들이 장난스러운 표정으로 웃고 있는 모습이 제 머릿속에서 떠나지 않는 것은 교육의 본질적 의미에 대한 생각 때문이었습니다.

컴퓨터 화면 속에서 깨알 같은 글자와 함께 스틱 하나로 점을 찍으면서 공부하는 학생들을 보고 있으려니, 만약 디지털교과서가 일반화되었을 때 우리가 얻는 것은 무엇이며, 잃는 것은 무엇인지, 또 무엇을 얻고, 무엇을 잃었을 때의 득과 실은 어떤 것인지, 그 득과 실은 교육적으로 보았을 때 어떤 가치를 내포하고 있는지 등등 생각에 생각의 꼬리가 끊어지지 않았습니다.

이런 생각과 함께 초등학교 때 본 만화 내용이 생각났습니다. 지금은 기력이 쇠잔하여 오직 자식 걱정만 하는 노모시지만, 어린 시절에는 제가 공부하는지, 아니면 방에서 딴 짓을 하는지 귀신같이 알아내고 방문을 열어 혼낸 적이 한두 번 아니었습니다.

어릴 때는 어머니께서 저의 행동을 귀신같이 알고 있으니 정말 미칠 지경이었습니다. 지금 성인이 되어 생각해 보니 어머니의 귀신같은 예측력은 바로 제 자신이 스스로 제공하였다는 것을 알았습니다. 만화를 볼 때는 그 재미에 빠져 방안에 꼼짝도 않고 앉아있고, 공부를 할 때는 하기 싫어 10분도 안 되어 방문을 열고 닫으니 어른의 입장에서 보면 그 행동이 얼마나 눈에 잘 보였겠습니까?

이런 추억이 담긴 만화 내용 중에 이런 장면이 있었습니다. 미래 전쟁이 발발하였습니다. 지금까지 보지 못했던 최첨단 무기가 등장하여 전쟁하는 내용이었습니다. 우리의 주인공이 가진 무기는 적군이 가진 무기보다 성능면에 뒤떨어져 열세를 면하지 못하고 있었습니다. 점점 적군의 포위망이 좁혀 오고 죽음에 이르는 순간 문득 옆을 보니 2차 대전 때 쓰던 소총 한 자루가 있어 이왕 죽을 목숨이라 구식무기를 발사하여 보니 그 위풍당당하던 적군의 무기가 여지없이 파괴된다는 내용이었습니다.

지금부터 약40여 년 전에 본 만화인데, 아직까지 저의 뇌리에 남아 있는 것은 당시 그 내용이 매우 충격적인 때문입니다. 이 만화 내용의 요점은 발전이 능사만이 아니다는 것을 보여주고 있습니다. 우리는 대체적으로 발전이라고 하면 '처음보다 나음'을 지향하기 위한 것입니다. 그러나 '예상치 못했다'는 말처럼 우리 주위를 둘러보면, 발전 혹은 개발 하에 시작한 것이 역기능을 초래하는 경우도 있습니다.

디지털교과서 또한 마찬가지입니다. 디지털교과서의 순기능과 함께 아날로그형 교과서 즉, 서책형 교과서의 순기능도 함께 생각해야 한다는 것입니다. 디지털교과서는 다양한 멀티미디어 학습을 할 수 있어 학습내용이 양적이나 질적으로 서책형 교과서가 가지지 못하는 장점을 가지고 있습니다. 예를 들어 조선의 궁궐을 배운다면, 클릭 한번으로 궁궐의 사진이나 건물 배치 등을 한눈으로 알 수 있습니다.

반면 서책형 교과서 내용은 활자와 사진 혹은 그림으로 구성되어져 있어 정해진 내용 외에는 내용을 확장할 수 없다는 점입니다. 하지만 활자를 통해, 그림이나 사진을 통해 학습자는 자신의 생각을 얼마든지 확장할 수 있다는 점입니다.

이처럼 디지털교과서와 서책형 교과서는 분리되어 있는 것이 아니라, 서로 상호 보완적인 기능을 가지고 있다고 생각합니다.

전기밥솥이 발달하여 전기로 밥을 짓는다고 하지만, 쌀을 씻고, 물의 양을 조절하여 전기밥솥에 쌀을 넣는 것은 어디까지나 사람의 몫입니다. 디지털교과서이든 서책형 교과서이든 초등교육에 있어 가장 바탕이 되는 것은 기초와 기본입니다.

초등학교에서 연필을 바르게 쥐고 필순에 맞게 글씨 반듯하게 쓰고, 책을 똑똑하게 읽는 것이 보기에 따라 고리타분하게 여겨질지 모르지만 이러한 것이 학생들의 몸에 배일 때 학생들은 학습하는 방법의 학습 바탕이 갖추어지게 된다는 것입니다.

시대의 변화와 함께 교육이 그 방법을 달리하는 것은 당연합니다. 하지만, 교육은 어디까지나 아날로그가 그 근본이 된다는 점입니다.

다른 나라를 안다는 것

아침에 일어나 TV를 켜면 세계 곳곳에서 일어나는 일이 화면 속에 전개됩니다. 심지어는 어떤 나라에 버스가 전복되어 몇 명의 사상자를 내었다는 것도 볼 수 있습니다. 이런 뉴스는 보기에 따라 나오는 전혀 상관없는 일처럼 보입니다. 하지만 만약 우리 가족이나 친지가 그곳에 지금 여행을 하고 있다면, 이야기는 달라집니다. 그만큼 우리에게 다른 나라를 여행한다는 것은 이웃집에 가는 것과 같습니다.

슈퍼마켓에 가면 옛날 우리들이 교과서에서만 볼 수 있었던 바나나와 같은 열대 과일들이 상품대에 진열되어 있습니다. 이처럼 우리는 우리가 알고 있던 모르고 있던 '다른 나라'의 이야기와 물건들을 하루에 몇 번이고 접하고 부딪치면서 살아가고 있습니다. 메이드 인 코리아도 있으며, 메이드 인 중국, 미국, 일본 등등도 있습니다.

우리는 이런 시대를 국제화 시대라고 부릅니다. 물론 세계화 시대라고 불러도 좋습니다. 이런 시대에 우리에게 요구하는 또는 요구되는 것은 참으로 많을 것입니다. 그리고 각 분야마다 요구하는 또는 요구되는 것도 다양할 것입니다.

이 다양한 요구 속에서 우리에게 주어진 것은 국제화 시대의 교육적 의미입니다. 왜냐하면 우리는 교육에 종사하는 사람들이기 때문입니다. 교육에 종사하는 사람은 '가르침'에 있어 세상의 모든 사물이나 현상을 교육적으로 보려고 하는 사람들입니다. 마치 기업하는 사람들은 기업적인 눈으로 세상을 바라보듯이 말입니다.

한때 우리 사회는 국제화라는 말 대신 세계화라는 말이 유행하였습니다. 국제화와 세계화가 어떻게 다른가 하는 것은 여기서 논외로 합니다. 필자는 같은 개념으로 보고 있습니다. 그렇다면 국제國際라는 것은 무엇인가? 한자에서 보듯이 국제라는 것은 나라와 나라 사이라는 말입니다. 여기서 우리가 주목해야 할 부분이 '사이(際제)'입니다. 이 사이는 두 부분으로 나누어 볼 수 있습니다. 즉, 나라와 나라 사이에 공유하는 부분과 다른 부분이 그것입니다. 전자를 보편성이라고 한다면 후자는 특수성이라고 보아야 합니다.

보편성이라고 한다면 서로가 가지고 있는 것이기에 별 이론이 없습니다. 문제는 특수성입니다. 나라마다 정치, 경제, 사회, 문화가 다르기에 특수성의 문제는 항상 대두되기 마련입니다.

대개 문제가 되는 것은 나라와 나라 사이의 '틈'입니다. 오늘날과 같은 '열린사회'에서 이 사이의 '틈'을 어떻게 하여야 하는가? 사이가 벌어지면 '갈등'이 나타나며 사이가 좁아지면 '공존'이라는 단어가 나타납니다. 결국 교육은 이 '사이'를 교육하는 것이라고 볼 수 있습니다. 마키아벨리는 『군주론君主論』에서 '병은 처음 발병했을 때 알기는 어려우나 알고 나면 치료하기가 쉽고, 발병하고 나면 병은 쉽게 알 수 있으나 치료하기가 어렵다'는 말을 합니다.

이 말을 교육에 나름대로 적용해 보면, 초등학교는 제도권 교육에서 입문의 단계입니다. 이 입문의 단계에 맞는 이해야말로 초등학교 학생들이 어른이 되었을 때 국제인이 되는 밑바탕이 됩니다. 그래서 저는 초등학교의 교육을 '바탕(素소)교육'이라고 말하고 있습니다.

국제의 의미가 이와 같다면 국제 이해는 말 그대로 나라와 나라 사이에 있는 여러 가지 현상(차이)을 이해하는 것입니다. 엄격히 보아 '아는 것'과 '이해하는 것'은 다릅니다. 아는 것은 그냥 모르던 것을 아는 것입니다. 이해하는 것은 '아는 것을 바탕으로 좀 더 심도있게 파악하는 것'을 말합니다.

영어에서 이해는 understanding입니다. 직역하면 '거꾸로 서 보기'입니다. 물구나무를 서면 우리가 평범하게 보던 세계도 색다르게 보입니다. 이처럼 세상의 현상에 대해 뒤집어도 보고, 비틀어도 보면서 자기 나름의 통찰력과 안목을 기르는 것이 바로 이해입니다.

국제이해에 교육을 덧붙여 봅니다. '교육'이란 단어를 통해 국제이해와 국제이해 교육은 다른 개념이 됩니다. '교육'이라는 단어에는 우리가 알던 모르던 가치롭고 바람직한 의미가 들어있습니다. 그러므로 국제이해교육이라고 한다면 학생들이 나라와 나라와 사이에 놓여 있는 여러 가지 현상을 배워서 자신의 자아 실현이나 사회에 나아가 인류공영에 유용하게 기여해야 한다는 점입니다.

이런 점에서 본다면, 국제이해 교육도 나와 다른 나라 사람들의 생각이나 행동을 보고 그들을 이해하고 나를 되돌아보면서 생각의 폭을 넓히고 더불어 사는 삶의 방식을 배우는데 있습니다.

제가 지금 근무하고 있는 곳은 나라奈良입니다. 나라는 8세기경 일본의 수도였습니다. 제 숙소에서 걸어서 5분만 가면 옛 궁궐터가 나옵니다. 여기에서 숟가락이 대량 발견되었지만, 일본은 숟가락을 버리고 젓가락만을 사용하고 있습니다.

이를 안다면 우리나라와 일본의 밥그릇 사용에 대해 이해할 수 있습니다. 또, 이와 같은 이해를 통해 상대방을 인정하고 존중하는 태도를 기를 수 있습니다. 여기서 이 상대방의 인정과 존중이 바로 국제이해 교육이 가지는 교육적 의미입니다.

학교에서 국제이해교육을 위해 필요한 요소 세 가지를 제시합니다.

첫째. 독서교육입니다.

독서교육은 아무리 강조하여도 지나침이 없습니다. 공자는 과유불급 過猶不及이라 하여 지나침은 모자람보다 못하다고 하였지만, 이것은 어디까지나 인간의 도덕적 생활에 관한 것입니다. 제가 보기에 독서교육은 교육에 있어서 지나치다 할 정도로 강조하여도 무리가 없다고 생각합니다. 여러 가지 이유가 있지만 국제이해교육 차원에서 본다면, 사이의 차이를 책을 통해서 배울 수 있다는 것입니다.

책 속에는 나와 다른 생각을 가지고 있는 사람들을 많이 만날 수가 있습니다. 이런 만남을 통해서 개인은 알게 모르게 성장하는 것입니다. 불고기집에 가면 불고기 냄새가 옷에 배이듯이 책을 통해 나와 다른 생각을 가진 사람들을 만나다 보면 자신도 모르게 성숙이라는 곳에 들어서 있습니다. 즉 다른 것을 인정하고 존중하는 태도가 길러진다는 것입니다.

둘째, 관용교육입니다.

관용은 한마디로 '나는 너를 싫어한다. 하지만 너를 인정한다'입니다. 사회를 유지하기 위한 최소한의 덕목이라고 할 수 있습니다. 우리는 세상을 살면서 모두를 좋아할 수 없습니다. 하지만 좋아하지 않는다고 하여 그냥 미워할 수도 없습니다. 좋아하지 않지만 상대방을 인정하는 자세. 이것이 관용이 우리에게 주는 교육적 의미입니다.

국제이해 교육에 있어 '사이'가 있으면 이 모두를 그냥 받아들일 수는 없습니다. 받아들일 수는 없지만 상대방을 인정하는 가운데 서로가 공통점을 찾아가는 것. 이것이 국제이해교육 차원에서의 관용이라고 여겨집니다.

셋째. 자긍심 교육입니다.

외국에 나가면 누구나 애국자가 된다는 말이 있습니다. 이 말은 틀림없는 말인 것 같습니다. 제가 일본에서 많은 일본인을 만나고 학교 현장에서 수업도 해 보지만 하면 할수록 우리나라가 대단하다는 것을 느낍니다. 식민지의 암울한 시대도 있었고, 6.25 한국전쟁도 있었습니다.

국사편찬 위원회에서 발표한 자료를 보면 우리나라는 역사 이래 931번의 외침을 받았다고 나와 있습니다. 이런 조건에서 단시일내. 또 한 세대가 배고픔과 경제적 여유를 다 경험할 수 있는 나라는 세계사적으로 보아도 없습니다. 얼마나 자랑스러운 나라입니까!

학생들에게 자긍심을 심어주는 것은 학생들에게 긍정적이고 올바른 정체성을 심어주는 역할을 한다고 생각합니다. 우리나라가 대단하다는 것은 그 속에 살고 있는 국민 모두가 대단하기 때문에 나라가 대단하게 됩니다.

국제이해교육의 출발점은 나라와 나라 사이의 틈을 보고, 이 틈을 교육적으로 풀어가는 과정이지만 종착점은 자기 자신을 안다는데 있다고 생각합니다. 이른바 자기 자신의 정체성 확립입니다. 나와 같은 생각을 하고 같은 행동을 하는 속에서의 나는 눈에 잘 띄지 않습니다. 하지만 나와 다른 생각을 하는 사람을 만나면 문득 나를 생각하게 합니다.

국제이해교육이 가지는 보편적 가치는 인류 공영에 있지만, 이 인류 공영도 나의 바른 모습(정체성)에서 출발합니다. 나 자신을 모르는 사람이 남을 이해하는 데는 한계가 있습니다. 나라도 마찬가지라고 생각합니다.

『논어』의 '화이부동和而不同'이란 말처럼 우리가 국제이해교육을 하는 것은 그 나라를 알아 그 나라를 따르려고 하는 것은 아닙니다. 맹목적으로 그 나라를 따르기 위해서 국제이해교육을 한다면, 이것은 아마도 주객이 전도되었다고 볼 수 있습니다.

그 나라를 알고 이해하는 것은 우리 자신이 앞으로 나아갈 보다 합리적 방향을 모색하기 위해서입니다. 우리가 어떤 교육을 하든 그 명칭이야 다를 수 있지만, 학교에서 이루어지는 모든 공적인 행위는 결국 '교육'이라는 두 글자에 귀결됩니다.

교육의 기능을 여러 가지로 말할 수 있지만 개인에 한정하여 보면, 개인에게 도움이 되어야 하며, 또 그것이 사회에 도움이 되어야 한다는 것입니다. 소매치기들도 나름 교육을 시키지만, 우리가 이것을 교육이라 부르지 않는 것은 그 속에는 개인이나 사회에 바람직한 것이 없기 때문입니다.

지금의 사회가 개방화 사회, 국제화 시대라고 한다면, 교육을 통해 교육받은 개인에게 바람직한 가치관이 형성되어야 하고 이것이 사회, 국가, 인류에게 좋은 방향으로 영향을 주는 쪽으로 가야만 합니다.

국제이해교육의 방법으로 독서교육, 관용교육, 자긍심 교육을 예로 들었습니다. 보기에 따라 얼마든지 생각을 달리할 수 있습니다. 하지만 구체적인 것보다 추상적인 것을 예로 든 이유는 간단합니다. 국제이해교육을 하는 사람은 어른이기 때문입니다.

우리가 어떤 교육을 한다고 한다면, 무엇보다 중요한 것은 목적의식입니다. 목적은 의도적인 것이며 보다 높은 곳을 바라보게 합니다. 즉 궁극적으로 도달해야 할 곳이 어디인가를 고민한다는 말과도 같습니다.

수업시간에 세계지도를 그리고 어떤 한 나라에 대해 알아보고, 나아가 어떤 나라를 방문하는 것 등이 방법적이라고 한다면 이 방법에 선행해 있는 것이 목적입니다.

국제이해교육을 통해 무엇을 얻고자 하는가? 이런 목적은 가르치는 우리에게 중요하다고 볼 수 있습니다.

마사이족의 지도자 뽑기

아프라카에 어느 정도 관심 있는 분이라면 대부분 마사이 부족에 대해 알고 있으리라 짐작합니다. 텔레비전 등에서 사람들이 하늘을 향해 껑충껑충 뛰는 장면을 본 적이 있을 것입니다. 사냥감을 빨리 찾기 위해서 또 자신의 용맹함을 보여주기 위해서 도약을 하는데 이 부족이 바로 마사이족입니다.

이 마사이족의 일상사를 몇 년 전 텔레비전에서 본 적이 있습니다. 몇 해 전에 본 방송이지만, 지금도 필자의 뇌리에 그 내용이 남아 있는 것은 마사이족의 리더 선발 과정을 보면서 느낀 충격 때문입니다.

내용은 케냐에 거주하고 있는 마사이족의 일상사였습니다. 방송에서 마사이족이 가축을 지키기 위해서, 젊은이들을 일정기간 군인처럼 가축 지킴이로 보내는데 그 중 리더를 선발하는 의식을 시청하였습니다. 리더를 선발하는데 모두가 서로 리더가 되지 않으려고 하는 것이었습니다. 우리가 생각하기에 리더가 된다는 것은 책임감도 있지만 명예로운 것이고, 한 집단을 통솔한다는 것은 바로 자신의 자아실현과도 관련 있을 것으로 생각하는데 서로가 리더가 되지 않으려고 하니 말입니다.

그에 대한 답은 선택에 있었습니다. 그들에게 있어 소중한 것이란 자신의 가족과 가축입니다. 리더가 되는 순간 리더는 바로 이 소중한 가족과 가축 중 하나를 선택해야 하는데, 만약 리더가 되어 가축을 선택하였을 경우는 가족들이 저주받고, 반대의 경우는 반대의 결과가 나온다고 생각하고 있었습니다. 둘 다 버릴 수 없는 경우입니다.

가족이란 우리에 있어 혈연에 의한 자연스러운 것이지만 이를 사적인 것으로 본다면, 가축 지킴이의 리더는 공적인 것입니다. 마사이족이 아마도 이런 선발과정을 통해 리더를 선발하는 것은 리더에 대한 보다 엄격한 공적인 자질 요건의 요구 때문이라고 그 당시 나름대로 생각하였습니다.

어차피 누군가는 가축을 지키는 집단을 통솔해야 합니다. 그러면 개인의 가축보다 공동체 전체 가축을 소중히 여기는 성품을 가진 자를 선발하는 것이 모두의 이익이 된다는 점을 마사이족들은 알고 있었을 것입니다.

이런 점에서 본다면, 우리의 행동은 결국 사와 공이 맞물려 있다고 볼 수 있으며, 우리가 배우고, 이를 실천한다는 것은 결국 '무엇을 답게' 하는 데 있다고 볼 수 있습니다.

기준은 누구에게 있는가?

『논어』「자장子張」편에 자하의 제자들이 자장(공자 제자)에게 '사귐'에 대해 물었습니다.

이에 자장이 자하는 어떻게 말하느냐고 물으니, "자하는 괜찮은 사람하고는 사귀고, 그렇지 못한 자는 거절한다고 하였습니다." 이에 자장은 "나는 다르게 들었다. 군자는 현명한 사람을 존경하고, 대중들을 포용하며, 선한 것을 아름답게 여기고 그렇지 못한 자를 불쌍하게 여긴다. 내가 현명하다면 사람들에게 받아들이지 않을 리 없고, 내가 그렇지 못하면 나를 거부할 것이다. 내가 어찌 사람들을 거부한단 말인가!"라고 답했습니다.

子夏之門人交於子張^{자하지문인교어자장} 子張曰^{자장왈} 子夏云何^{자하운하} 對曰^{대왈} 子夏曰^{자하왈} 可者與之^{가자여지} 其不可者拒之^{기불가자거지} 子張曰^{자장왈} 異乎吾所聞^{이호오소문} 君子尊賢而容衆^{군자존현이용중} 嘉善而矜不能^{가선이긍불능} 我之大賢與於人何所不容^{아지대현여어인하소불용} 我之不賢^{아지불현} 人將拒我^{인장거아} 如之何其拒人也^{여지하기거인야}

보기에 따라 뻔한 말입니다. 우리는 세상을 살면서 이런 뻔한 말을 끊임없이 하고 있습니다. 그러나 이 뻔한 말의 이면에는 뻔한 것이 뻔하지 않기 때문에 자주 회자됩니다.

예를 들어 요즈음 우리는 '배려'라는 말을 자주 사용합니다. 만약 우리 사회가 배려적인 사회라면 이 말을 자주 사용할 이유가 없습니다.

윗글에서 보듯이 자하와 자장이라는 두 제자가 같은 선생님 밑에서 배웠지만, '사람 사귐'을 다르게 바라보고 있습니다. 손가락마다 길이가 다른 이유도 여기에 있을 것입니다. 내 몸에 있지만 손가락은 각각 길이가 다르기도 하지만 하는 역할도 다릅니다. 이처럼 한 선생님에게 배웠지만 받아들이는 것에는 차이가 있습니다.

자하는 나를 중심으로 사귐을 생각하고 있습니다. 여기에는 개인의 이익 고려가 많이 들어있습니다. 이른바 사람 사귐에서 선택적 요소가 강하게 작용하고 있습니다. 반면 자장은 자신의 내면을 충실하게 하고 행동하면서 개인의 이익을 넘어선 제삼자에게 판단을 맡기고 있습니다.

삶에 있어서 안으로 향해 가는가, 아니면 밖으로 향해 가는가는 중요합니다. 안으로 향해 간다는 것은 자신의 부족분을 채워가는 것이고 밖으로 향해 가는 것은 외부적 요인에 강하게 의지하고 있기 때문입니다.

사람들 모두가 생각하고 인정하는 공통적 기준, 그것이 바로 우리의 기준입니다.

'교육'이라는 이름

우리는 세상을 살면서 많은 일을 겪습니다. 이 중에 어떤 것은 시간이 지남에 따라 기억이 점점 옅어지면서 나중에는 영원히 기억할 수 없습니다. 우리는 이를 망각이라고 합니다.

이 망각은 간혹 우리 삶을 평안하게 해주는 역할을 합니다. 예를 들어 부모님을 여의었을 때 그 슬픔을 어찌 글로 표현할 수 있겠습니까? 그러나 우리는 망각이 있기에 슬픔만을 생각하지 않고 자신의 삶을 재정비할 수 있는 것입니다.

하지만 모든 문제를 시간의 흐름에 따른 망각에 의존하여 살 수 없는 것이 세상살이입니다. 세상을 살아가면서 때론 잊어버리는 것이 필요하지만, 그렇지 않는 경우도 있습니다.

교육에 있어서도 망각되지 않고 영원히 계속되어야 하는 것이 있습니다. 교육을 바라보는 목적이 바로 그러합니다. 시대와 함께 그 교육적 방법은 달리할 수 있습니다. 그러나 목적은 변할 수 없습니다.

교육의 목적에는 두 가지가 있습니다. 교육 그 자체가 담고 있는 목적과 교육을 수단으로 여기는 목적이 있습니다. 우리 교육을 단적으로 나타내는 말 중에 '입시위주 교육' '출세위주 교육'이라는 말이 있습니다. 이는 교육이라는 수단을 통해 무엇을 이루고자 하는 의미를 가지고 있습니다. 이런 목적에서 공부하는 것은 개인의 출세를 위한 것으로, 따라서 교육은 무엇을 얻기 위한 임시 방편으로 자리매김된다고 할 수 있습니다.

이를 유교에서는 위인지학爲人之學이라고 합니다. 위인지학은 자기 자신을 위한 공부라기보다 남을 위한 공부를 말합니다. 예를 들어 부모님 욕심 때문에 자신의 소질과 적성에 관계없이 대학이나 직업을 선택하는 것은 위인지학의 전형이라고 할 수 있습니다.

이에 비해 개개인의 삶 자체를 교육 목적으로 삼을 수 있습니다. 한 개인이 태어나 이 사회가 요구하는 규범을 지키며, 얼마나 가치롭고 바람직하게 살아가느냐를 중요하게 여기는 교육을 말합니다.

마치 운동선수가 운동 그 자체를 즐기듯 교육 그 자체가 가지고 있는 바람직하고, 가치롭고, 합리적인 것 등을 즐기는 것을 말합니다. 그 결과 교육받은 사람은 가치롭고 바람직한 인간이 된다는 것입니다. 이를 위기지학爲己之學이라고 합니다.

시대가 변하고 사람들의 가치관이 변하더라도 학교라는 특정한 집단은 존속할 것입니다. 사이버학교가 등장한다고 하지만 교육은 인간과 인간의 만남을 전제하지 않는 한 그 한계성이 있다고 할 수 있습니다. 인간(교사)을 통해 인간(학생)이 교육받는다는 것은 바로 이 위기지학에 중심이 있다고 할 수 있습니다.

위인지학의 교육에서 위기지학의 교육으로 자리매김될 때 교육의 진정한 목적은 달성된다고 할 수 있습니다.

그러나 보통의 삶을 살아가는 우리는 교육을 수단적으로 보기가 쉽다. 그렇다고 하여 교육 그 자체의 목적인 위기지학은 변할 수 없습니다. 만약 그렇다고 한다면, 교육의 두 가지 목적의 조화가 문제입니다. 정말 어려운 문제이지만, 그 해결책은 교육 그 자체의 목적을 중점으로 교육할 때 그 수단적 목적이 자연스럽게 뒤따라오게 해야 한다는 것입니다. 마치 우리의 주식인 밥이 나오면 부식인 반찬이 자연스럽게 따라나오는 것처럼 말입니다. 하지만 정말 어려운 문제입니다. 그렇다고 포기할 수 없는 것이기도 합니다.

교육에 종사하는 사람들에게도 망각이란 적당히 필요할지도 모릅니다. 그러나 적어도 교육에 대해 심각한 고민을 한두 번 정도 해 본 사람이면 위에서 말한 교육 목적은 항상 염두에 두어야 한다고 생각합니다.

'회사후소'에서 배운다

『논어』「팔일八佾」편에 이런 말이 있습니다. 공자와 그의 제자와의 대화 가운데 '회사후소繪事後素'라는 말이 나옵니다. 이 말은 보기에 따라 여러 가지로 해석할 수 있지만, 대체적으로 '그림을 그리려고 하면 바탕이 먼저 있어야 한다'는 의미입니다. 참으로 제가 좋아하는 말 중의 하나입니다. 여기서 말하고자 하는 것은 예禮와 인仁의 관계입니다.

예는 선생님들이 잘 알고 있듯이 외면적으로 나타나는 하나의 형식이라고 볼 수 있습니다. 반면 인은 내면적인 것으로 겉으로는 볼 수 없습니다. 회사후소는 바로 이 예와 인의 관계에서 예와 인의 조화를 강조하는 것이라고 볼 수 있습니다.

이 회사후소를 초등학교 교육에 비추어 보면, 바탕의 중요성을 보여 주고 있습니다. 초등학교 교육은 전문가를 만드는 곳이 아닙니다. 초등학교 교육이 전문가를 만드는 곳이 아니라면, 초등학교 교육은 전문가가 되기 전에 필요한 '그 무엇'을 가르치는 곳이라고 볼 수 있습니다.

'그 무엇'이 바로 바탕 마련이며, 이 바탕 마련이 바로 기초와 기본이라고 생각합니다. 초등학교 교육에서 기초와 기본이 중요하다는 것은 거창한 이론의 힘을 빌리지 않더라도 우리는 경험을 통해서도 충분히 알 수 있습니다. 이 기초와 기본은 생활면과 학습면, 그리고 위생면으로 다시 나누어 생각해 볼 수 있습니다.

우리가 평소 지도하고 있는 우측보행이나 화장실 사용지도 등은 생활면이 될 것이고, 학년 수준에 맞는 기본 학습 내용을 익히는 것은 학습면이 될 것이고, 급식지도 등은 위생면이 될 것입니다.

이 중 학습면을 보면, 1+1=2를 가르치기 위해서 우리는 여러 가지 학습자료를 동원합니다. 어른인 우리의 입장에서 본다면 유치하기(?) 짝이 없는 내용을 가르치고 있으며, 그렇지만 우리는 이것에 의미를 두면서 진지하게 고민하고 있습니다. 왜냐하면 가르치는 사람으로서의 우리는 이미 수학에 대한 바탕의 중요성을 경험적으로나 이론적으로 알고 있기 때문입니다.

계단을 전부 올랐다고 한다면 그 첫출발은 바로 첫계단입니다. 초등학교의 교육과정도 바로 첫계단에 해당된다고 볼 수 있으며, 이 첫계단이 바로 마지막 계단을 오르기 위한 바탕이 되는 것입니다.

예를 들어봅니다. 서로 도우며 지혜를 키우는 어린이, 책을 즐겨 읽고 더불어 사는 어린이, 친구를 사랑하고 배려하는 착한 어린이, 이 순간 최선을 다하는 긍정적인 어린이, 스스로 공부하며 다른 사람을 배려하는 어린이, 예의 바르며 매사에 최선을 다하는 어린이. 어디선가 많이 본 문구입니다. 초등학교에서는 대부분 이러한 내용을 학급 목표로 삼고 있다고 하여도 그리 틀린 말이 아니라고 여겨집니다.

초등학교 대부분이 이런 내용을 학급 목표나 다짐으로 삼는다면, 우리들은 이미 초등학교 교육이라는 것이 바탕 즉, 기초와 기본이 중요하다는 것을 알고 있다는 의미이기도 합니다.

'서로 도우며 지혜를 키우는 어린이'를 대학교에서 '서로 도우며 지혜를 키우는 대학생'으로 쓴 문구가 있다면 어색한 감을 지울 수 없습니다. 학급 안내판의 글에서 보듯이 초등학교는 바탕을 습관화하려고 하는 곳이라는 것을 금방 알 수 있습니다.

　기초와 기본이라는 말은 어쩌면 사족일지도 모릅니다. 바탕 마련이라는 말이 곧 기초와 기본이라는 말을 포함하고 있기 때문입니다. 그렇지만 이 글을 넣었을 때 초등학교에서 기초와 기본이 그만큼 중요하다는 것을 강조하고 있다고 보면 무리가 없다고 봅니다.

행동하기 전에 먼저 알자

초등학교에서 도덕교육이라고 하면, 먼저 교과로서의 도덕을 연상하기 쉽습니다. 사실 교과로서의 도덕교육이 자리잡고 있는 나라는 세계적으로 보더라도 50여 개국 밖에 없다고 합니다. 이것은 도덕교육이 꼭 교과로서 존재해야 하는 의미가 아니라, 도덕은 생활 속에서 이루어진다는 것을 의미하기도 합니다.

그러나 어떻든 우리는 교과로서 도덕교육을 하고 있으며, 사람이 살아가는데 도덕이 필요하다는 것은 누구나 인정하고 있습니다. 사람이 살아가면서 '무엇을 해야 한다', '무엇을 해서는 안 된다'는 이 구별에서 도덕은 시작됩니다.

해야 하는 것은 해야 하고, 해서는 안 되는 것은 하지 말아야 합니다. 그러나 경우에 따라서는 해야만 하는 것을 하지 않을 수도 있고, 해서는 안 되는 것을 하는 경우도 있습니다. 만약 인간이 '하는 것과 하지 않는 것'을 구별하고 행동한다면, 그야말로 이상적이라 아니할 수 없습니다.

그러나 앎과 행동을 일치하며 살아온 사람도 있습니다. 도덕적으로 본다면, 공자도 그러한 사람 중의 한 사람이라고 볼 수 있습니다.

우리는 간혹 나이를 가지고 내가 벌써 불혹의 나이가 되었다, 혹은 지천명이 되었다 등으로 말합니다.

공자는 70에 이르러 '종심소욕불유구 從心所慾不踰矩'라고 하였습니다. 이 말은 '내 마음이 원하는 바에 따라 무엇을 행하더라도 법규나 규범에 전혀 걸림이 없다'는 뜻입니다. 즉, 마음과 행동이 일치하는 완벽한 도덕적 생활의 표본입니다. 그렇다면 교과로서의 도덕은 무엇을 의미하고 있는가?

선지후행先知後行의 입장에서 교과로서의 도덕교육의 필요성을 말하고자 합니다. 선지후행이란 주자의 인식론이기도 하지만 도덕교육에 적용하여도 하등 이상할 것 없습니다. 간단히 말하면 앎과 행동 사이에는 앎이 먼저라는 이야기입니다. 현실적으로 학생들이 배운 것을 제대로 실천에 옮기지 않는다는 것은 학생들이 배운 도덕적 지식이 아직 몸에 체득되어 있지 않다는 것을 의미합니다.

우리가 학생들에게 행동에 필요한 도덕적 지식을 정확하게 가르치고 학생들이 정확하게 알고 있다면, 학생들은 이에 걸맞게 행동을 한다는 논리적 전제가 깔려 있습니다. 비록 현행 교과서 체제가 지－정－의의 순서도로, 현행 도덕 수업구조를 볼 때에도 교과로서의 도덕교육은 도덕적 앎에 그 우선 순위를 두고 있습니다.

학교에서 교과로서의 도덕교육이 도덕적 앎에 우선 순위를 둔다면, 도덕 또한 주지교과의 틀을 벗어날 수 없다고 비판할 수도 있습니다. 그러나 우리가 무엇을 행할 때 옳다, 그르다를 안다는 것은 이미 이에 대한 도덕적 지식을 알기 때문입니다.

행함으로서 안다는 것과 앎으로서 행하는 것. 어느 것이 우선이냐는 보는 사람에 따라 달라질 수 있지만, 어떤 입장에서든 도덕교육의 교육적 의미는 변할 수 없는 것입니다.

학교도 변해야 산다?

　요즈음 각종 연수나 강연에 가 보면 이 단어가 빠지지 않습니다. '학교가 변해야 학교가 산다'는 말이 그것입니다. 변화라는 말이 빠지면 강의에 소홀한 느낌이 들 정도로 유행(?)입니다.

　시대가 바뀌면 그 시간의 흐름에 따라 모든 것은 변하게 마련입니다. 오늘의 내가 어제의 나일 수는 없습니다. 신체적, 정신적 흐름이 바뀌게 마련입니다. 아무리 안티에이징 기술로 시간적 흐름을 감추려고 하여도 세월의 흔적은 나타날 수밖에 없습니다.

　시간이 흐름에 따라 모든 것이 변한다면, 이 '변함'에는 두 가지 종류가 있다고 생각합니다. '자연스런 변화'와 '의도적인 변화'가 그것입니다. 여기서 자연스런 변화라고 한다면, 신체의 노쇠와 같은 것으로 우리의 노력으로 제어할 수 없는 것을 말합니다. 또한 개인의 정신적 변화도 들 수 있습니다.

　세월이 흐름에 따라 자신이 겪은 직 · 간접 경험에 의해 세상을 달리 보는 것을 말합니다. 이것은 누가 의도적으로 자신을 변하게 하지는 않았지만, 자신의 노력이나 안목의 변화에 의해 이루어집니다.

　여기서 주목하고자 하는 것은 의도적인 변화입니다. 왜냐하면 학교에서 이루어지는 모든 활동은 의도적이고 계획적이며 합목적적이기 때문입니다. 물론 가치로움은 당연한 것이고, 모 연수에서 강사가 학교가 변해야 한다고 하였다면, 여기에는 바로 합목적적인 교육의 변화가 들어있다고 보아야 합니다. 만약 학교의 변화를 이렇게 보지 않고 한 기업의 상품 생산성 향상이나 상품 개발에 대한 독창적 아이디어로 접근하여 학교의 변화를 말한다면, 거기에 동의하기가 어렵습니다. 학교는 기업처럼 단기간 내에 소기의 성과를 낼 수 있는 곳이 아니기 때문입니다. 그래서 교육을 가르켜 백년대계라고 하는 것입니다.

지금 우리가 쓰고 있는 스마트폰은 한마디로 '상품의 새로운 개발'입니다. 스마트폰에 대해 문외한인 제가 장·단점을 논할 수는 없습니다. 하지만 이 스마트폰도 기존에 개발된 휴대폰이 있었기에 가능하였다고 생각합니다. 기존의 매체에서 아이디어를 더하고, 빼고, 대체하고, 변경하고, 수정 등을 하면서 사고를 확장한 결과가 지금의 스마트폰으로 이어진 것이라 생각합니다.

모든 것이 동떨어져 스스로 새로움을 만든다는 것은 참으로 어렵다고 생각합니다. 신상품이라는 것도 기존의 상품을 기반하여 나온 점에 주목하고자 합니다.

교육에 있어 그 본래적 의미는 시공의 변화에 따라 변하고 있는가? 아니면 본래적 의미에 대해 우리가 지금 잊고 있는 것은 아닌가? 그렇지 않다면 교육하는 방법의 변화를 교육의 본래적 의미로 생각하고 있는 것은 아닌지 등등을 생각해 봅니다.

학교도 기업처럼 획기적인 아이디어를 내놓아야 하는가? 만약 학교의 변화가 기존의 존재를 무시하고 획기적인 상품의 개발 아이디어처럼 학교 변화를 바라보아야 한다면, 참으로 동의하기 어렵습니다.

아무리 좋은 상품이라도 시간이 지나면 또 새롭고 더 좋은 상품에 의해 폐기처분되기 마련입니다. 하지만 인간과 인간의 만남으로 이루어지는 교육의 경우는 이와 달라서 기존의 교육에도 교육적으로 의미있는 것들이 얼마든지 존재한다는 점입니다.

기업의 의도적인 변화는 기업의 성장과 관련 있습니다. 교육의 의도적인 변화는 학생들의 성장에 관련이 있습니다. 비록 의도적이라는 단어의 의미가 같을지는 모르지만, 그 속에 담긴 의미는 다를 수밖에 없습니다.

교육에 있어 의도적인 변화는 다음과 같은 의미를 지니고 있다고 생각합니다. 즉, '지금까지 교육에 대해 시대의 변화나 상황에 대해 너무 쉽게 생각하고 있었다. 지금부터 교육을 새롭게 다시 바라보자, 지금 시대에서 가르쳐야 할 가치관은 무엇이며, 방법적인 문제가 무엇이며, 지금 우리의 현실은 어떠한가 등등에 대해 고민해 보자' 등이 그것입니다. 하지만 교육의 본질적인 입장에서 바라본다면, 교육은 변할 것이 별로 없다고 생각합니다. 왜냐하면 우리는 예나 지금이나 변함없이 교육을 통해 교육받는 사람들이 '참다운 사람'으로 살아가기를 기대하고 있기 때문입니다.

기업은 기업윤리 의식과 함께 지속적으로 상품을 개발하면서 이윤을 추구한다고 할 수 있습니다. 이에 비해 교육은 인간다운 삶에 지대한 관심을 가지고 있습니다. 이 인간다운 삶에 대한 교육은 과거부터 지금까지 교육이라는 혈관 속에 면면히 흐르고 있습니다. 이 점은 교육에서 변할 수 없는 불변의 가치 요소라고 할 수 있습니다.

만약 하나의 변화가 있다면, 그것은 교육하는 방법에 대한 변화입니다. 이것은 고정된 것이 아니고 시공時空이 바뀜에 따라 계속적인 변화를 요구합니다. 왜냐하면 학년마다 들어오는 학생들의 특성이 바뀌고, 학교마다 상황이 다르기 때문입니다.

단원 김홍도의 〈서당도〉라는 그림을 보면, 훈장에게 매 맞고 눈물을 흘리고 있고, 훈장은 그 모습을 겸연쩍은 표정으로 바라보고 다른 학동들은 손가락질을 하면서 고소해 하며 웃고 있습니다.

지금의 잣대에서 보면, 그 그림에는 교사의 체벌 문제가 있고, 한 학생에 대한 집단적 왕따 문제가 들어있습니다. 그렇지만 우리는 이것을 그렇게 바라보지 않습니다. 우리는 조선시대라는 시대적 상황을 알고 있고 당시의 교육 방법에 대해 알고 있기 때문입니다. 분명 오늘날 학교에서 〈서당도〉의 그림처럼 교육하지 않습니다.

옛날이나 지금이나 교육의 가치가 변함이 없다고 한다면, 당연히 우리는 교육적인 가치를 기반한 방법적 변화의 문제를 고민해 보아야 한다는 것입니다.

만약 우리가 교육적인 의미에 대해서 진지한 고민이 결여되었다면, 이 결여됨을 새롭게 하는 것 또한 변화가 가지는 의미가 아닌가 생각합니다.

두 개의 학교

흔히들 요즈음 사회를 다원화 사회라고 합니다. 다원화 사회란 말 그 대로 개인마다 혹은 집단마다 생각하는 가치관의 차이가 존재하는 것을 말합니다. 이런 시대일수록 우리에게 요구되는 것은 '더불어 살아가면서 자기 자신의 정체성'을 지키는 것이 중요하다고 생각합니다.

이러한 시대를 맞이하여 우리 교육계에도 유무형의 많은 변화를 겪고 있으며, 어떤 것은 제도적으로 안착된 경우도 있습니다. 이른바 방과후학교After School Program가 그 대표적이라고 할 수 있습니다.

이제 방과후 학교는 우리들의 귀에 낯설지 않은 용어가 되었습니다. 만약 이것이 그렇다면 학교와 방과후 학교는 어떤 관계로 보아야 하는가? 하는 문제가 대두됩니다. 제가 보기에는 한마디로 상호보완적 관계라고 생각합니다.

학교가 학생들에게 정규 교육과정을 가르친다면, 방과후 학교는 정규 교육과정 운영을 보완하는 역할입니다. 방과후 학교의 경우를 보면, 특기적성교육이 그것입니다. 사람마다 생김새가 다르듯이 개개인 역시 각자가 가지고 있는 소질이나 능력 또한 다르다고 할 수 있습니다.

물론 정규교육 과정에서 학생들의 소질과 적성을 고려하여 '맞춤형 교육'을 실시하고 있지만, 한 분야를 집중적으로 교육하기에는 현실적으로 많은 어려움이 따릅니다. 이에 방과후 학교는 한 분야를 집중적으로 가르친다는 점에서 그 의미가 있습니다. 이를 '특기적성교육'이라 할 수 있습니다.

이 특기적성교육을 기능적인 면과 지적인 면으로 구분하여 보면, 초등학교는 대체적으로 기능적 분야에 대한 교육이 많습니다. 컴퓨터, 무용, 바이올린 등등이 그러합니다. 이에 비해 지적인 분야는 한자, 논술 등이 있습니다. 기능적인 분야가 기능을 통해 학생들이 '올바르고 가치롭게 자라나도록 ' 하는데 있다면, 지적인 분야는 인지적 교육을 통해 '올바르고 가치롭게 자라나도록' 하는 데 있습니다.

예를 들어 한자 교육인 경우는 한자가 가진 뜻을 가지고 개념의 폭을 넓히고, 고사성어를 통해 인성교육에 기여하는 등 저마다 교육 원리에 부합하고 있습니다.

우리가 여기서 주목해야 할 한 가지 사실은 방과후 학교도 그 명칭에 학교라는 용어가 들어있다는 점입니다. 우리가 학교라고 하면 제일 먼저 떠오르는 의미가 교육일 것입니다. 그렇습니다. 학교라는 곳은 교육하는 곳입니다. 교육이란 바로 위에서 말한 바와 같이 '가치롭고 바람직한 그 무엇'을 지향하는 곳입니다. 여기서 그 무엇이란 바로 마음의 성장도 되며 행동의 변화도 됩니다.

학교 선생님과 방과후 학교 선생님 모두는 바로 이러한 목적 하에 학생들을 가르치고 있습니다. 여기에는 학교 선생님과 방과후 선생님의 구분이 있을 수 없습니다. '말로 가르치니 따르지 않고 몸으로 가르치니 따라오네'라는 말처럼, 학교 교육에 종사하는 우리 모두는 '교육'이라는 개념을 가슴 속에 안고 생활해야 합니다.

수학여행

　수십여 년 전 국민학교 시절에는 수학여행이라는 말만 들어도 가슴 설레며 잠을 못 이루었습니다. 그때 저는 중학교 입시 마지막 세대라 국민 학교 5학년때 서울로 수학여행을 갔습니다. 왜냐하면 6학년은 중학교 입시시험을 치러야 하는 관계로 5학년 때 수학여행을 갔습니다.

　수학여행을 보내기 위해 부모님들은 1년 동안 절미함節米函에 쌀을 한두 톨 모아 그것을 시장에 팔고 돈을 한두 푼 모아 자식들 수학여행에 보탰습니다. 이른바 부모님들의 피와 땀의 냄새가 담긴 수학여행이었다고 할 수 있습니다.

　수학여행을 가기 전 손때를 씻기 위해 돌로 손등을 문질렀던 기억이 새록새록 피워 오릅니다. 아무리 지우려고 해도 지우지지 않았던 내 손등에 있던 땟자국!

　지금이야 아련한 추억을 안고 글을 쓰지만 60년대 그 당시 서울로의 수학여행은 이른바 문화충격 그 자체였습니다. 처음 맛본 단무지, 정말 맛이 없었던 김치, 아이스케키 밖에 모르던 저에게 다가선 이른바 하드! 서울 학생들의 뽀하얀 피부에 도대체 저 아이들은 한국 사람일까? 등등 그 당시 문화적 충격이 새삼 기억에 아련합니다.

　만약 제가 이런 이야기를 지금 학생들에게 하면 과연 실감이 날까요? 아마도 의아한 표정을 지을 것이 틀림없습니다. 각종 매체들의 발달로 지금을 사는 학생들은 서울이 어떻다는 것은 직·간접적으로 알 수 있고, 심지어 지구촌의 뉴스도 시시각각으로 접하고 있기 때문입니다.

이런 점에서 볼 때 참으로 세상은 많이 바뀌었습니다. 그러나 수학여행 자체를 바라보면 그 방법은 달리하는지는 몰라도 수학여행에 담긴 그 목적 자체는 옛날이나 지금이나 같다고 생각합니다. 그렇기 때문에 세월호라는 엄청난 참사를 겪었지만, 수학여행 자체를 폐지하려는 움직임은 없었습니다.

그렇다면 우리는 왜 수학여행을 가는가? 여기에는 분명 교육적인 의미가 있기 때문에 수학여행을 실시하고 있다고 볼 수 있습니다.

지금과 유사한 수학여행은 옛날에도 있었습니다. 『삼국사기三國史記』「신라본기新羅本紀」〈진흥왕眞興王〉편에 보면 다음과 같은 글이 있습니다.

그 후에 다시 미모의 남자를 택하여 곱게 꾸며 화랑花郎이라 이름하고 그를 받들었는데, 무리들이 구름처럼 몰려들었다. 혹은 도의道義로써 서로 연마하고 혹은 노래와 음악으로 서로 즐겼는데, 산과 물을 찾아 노닐고 즐기니 멀리 이르지 않은 곳이 없었다. 이로 인하여 사람의 사악함과 정직함을 알게 되어 착한 사람을 택하여 조정에 천거하였다. 그러므로 김대문金大問은 말하기를 "어진 보필자와 충신과 훌륭한 장수와 용감한 병졸이 다 이로부터 생겼다."라고 하였다.

최치원崔致遠은 난랑비鸞郎碑의 서문에서 말하기를 "나라에 현묘玄妙한 도가 있는데, 이것을 풍류라고 한다. 가르침의 근원에 대해서는 선사仙史에 자세하게 갖추어져 있는데, 실로 이는 삼교三敎를 포함하고 뭇 백성들과 접하여 교화한다. 이를테면 들어와서는 집안에서 효를 행하고 나가서는 나라에 충성함은 노나라 사구司寇의 가르침이며, 하였다고 하여 자랑함이 없는 일을 하고, 말없는 가르침을 행하는 것은 주나라 주사柱 史의 뜻이며, 모든 악을 짓지 말고 모든 선을 받들어 행하라는 것은 축건 태자竺乾太子의 교화이다"라고 하였다.

당나라의 영호징令狐澄은『신라국기新羅國記』에서 말하기를 "귀족의 자제 중에서 아름다운 이를 택하여 분을 바르고 곱게 꾸며서 이름을 화랑이 라고 하였는데, 나라 사람들이 모두 그를 높이 받들어 섬겼다."라고 하 였다. (국사편찬위원회에서)

이상에서 보듯이 신라 진흥왕 때 만들어진 화랑이 한 일을 보면 요즈 음 수학여행이 지니고 있는 목적과 유사한 면을 가지고 있었습니다. 평 소와 다른 환경을 접함으로서 자신의 생각을 새롭게 정립하기도 하고, 다른 지역의 문화를 이해하면서 신라가 요구하는 인간상으로 거듭나는 것입니다. 즉, 새로운 환경에서 서로간의 화합을 통해, 우애와 신의를 다지면서 개인의 인격을 완성하였다고 할 수 있습니다.

유교가 지향하는 오상, 인의예지신仁義禮智信의 가치관, 노자가 말하는 무위無爲, 불교에서 말하는 업業 등이 바로 교육과정이고 내용입니다. 이 러한 교육을 받은 결과가 김대문이 화랑세기에서 말하는 "어진 보필자 와 충신은 이로부터 나왔고, 훌륭한 장수와 용감한 병졸은 이로부터 생 겼다"는 것입니다. 비록 지금과 같은 교육기관은 아니지만, 화랑들이 모여 심신을 연마하는 자체가 김대문이 지적하고 있듯이 국가 발전의 동량을 기르기 위한 것이며, 그 결과 신라가 삼국을 통일한 원동력이 되 었다는 것은 누구나 알고 있습니다.

'바보는 방황을 하고 현명한 자는 여행을 한다'는 외국 속담이 있습 니다. 여기서 바보와 현명한 자의 차이는 '방황'과 '여행'입니다. 둘 다 이

곳 저 곳을 돌아다니는 것을 말하지만 단어 속에 담긴 의미는 천양지차입니다. 잘 알고 있듯이 방황은 목적없이 이리저리 헤매는 것을 말합니다. 반면, 여행은 자신을 돌아보기 위해서 아니면 어떤 목적의식을 갖고 돌아다니는 것을 말합니다.

여행의 단어에 수학을 덧붙여 수학여행을 교육과 관련시켜 보면 다음과 같다고 할 수 있습니다. 교육은 분명히 의도적이고 계획적입니다. 이 의도적이고 계획적인 것을 잘 수행하기 위하여 학교에서는 학교 실정에 맞게 교육과정을 편성하고 있습니다. 수학여행도 교육과정의 일부분이라 분명 의도적이며 계획적인 활동으로 여기에는 교육적으로 바람직한 의미가 들어있습니다.

수학여행은 교육적으로 다음과 같은 의미가 들어있다고 나름대로 생각해봅니다.

첫째, 경험의 확충입니다.

사람은 이 세상에 태어나 수많은 경험을 겪으면서 삶에 대한 지혜 혹은 안목을 기른다고 할 수 있습니다. 잘 알고 있듯이 경험에는 직접적인 것과 간접적인 것이 있습니다. 여행은 바로 직접 경험 중의 하나입니다. 반면 간접경험도 있습니다. 가장 대표적인 것이 독서입니다. 독서의 중요성은 새삼 강조할 필요가 없습니다. 그러나 주제에 벗어난 것으로 논외로 합니다. 수학여행은 평소 귀로 듣고, 책으로 본 것을 내가 직접 가서 확인하고 느끼는 교육 활동입니다. 수학여행은 수학여행이라는 단어에서 알 수 있듯이 여행을 통해 배움을 닦는 것입니다.

둘째, 다양성에 대한 존중 마련입니다.

그렇다면 인간은 왜 경험을 쌓아가야 하는가? 그것은 이른바 다양성에 대한 존중 마련으로 볼 수 있습니다. 흔히들 지금 사회를 다원화 사회라고 합니다. 다원多元이란 말 그대로 원의 중심이 많다는 것을 의미합니다. 원의 중심이 많다는 것은 어떤 현상을 바라보는 가치관이 그만큼 많다는 것을 의미합니다. 자신이 가지고 있는 가치관과 타인이 가지고 있는 가치관이 서로 공존하기 위해서는 무엇보다 서로가 서로를 인정하는 자세가 필요합니다. 여행을 통해 얻은 경험은 바로 이러한 태도를 갖게 하는 밑바탕이 된다고 할 수 있습니다.

나와 타인과의 관계 변화에 대해서는 초등학교 교과서에서도 잘 나타나고 있습니다. 또 2007. 초등 도덕과 교육과정 내용을 보면, 도덕적 주체로서의 나→우리·타인·사회와의 관계→나라·민족·지구 공동체와의 관계 →자연·초월적 존재와의 관계 순으로 교과서를 구성하고 있습니다. 모두가 나로부터 출발하여 동심원同心圓이 점점 퍼져 나감을 알 수 있습니다.

수학여행은 바로 이러한 단계로 나아가는데 한 몫을 하고 있다고 생각합니다. 나와 다른 사람, 자연, 인문 환경을 접함으로서 자기 중심에서 상대주의적 입장에 서게 하는 계기를 부여한다고 할 수 있습니다. 이른바 공자가 말하는 화이부동和而不同입니다.

셋째, 관용적 태도입니다.

다양성에 대한 존중은 결국 관용을 말합니다. 관용은 로크가 처음 언급하였습니다. 관용을 한마디로 정의하자면 '나는 네가 싫다. 그러나 인정한다'입니다. 이런 점에서 관용은 사회를 유지하는 최소한의 덕목입니다. '사랑', '자비' 등은 이보다 한 차원 높은 덕목이라고 볼 수 있습니다.

학교에서 실시하는 수학여행은 바로 이러한 관용적인 태도를 기르기 위한 바탕 마련 중의 하나라고 볼 수 있습니다. 물론 수학여행이라는 일회성 활동으로 이러한 가치관이 형성된다고는 볼 수 없습니다. 그러나 '가랑비 옷 젖는 줄 모른다'는 속담처럼 학교는 이러한 경험을 계속해서 제공해 주는 곳이기도 합니다. $2 \times 2 = 4$가 생각없이 그냥 나오는 것처럼 학교는 좋은 습관을 길러주기 위해 교육적으로 바람직한 경험과 활동을 끊임없이 제공해 주어야 합니다.

내가 살던 곳을 벗어나 낯선 곳으로 간다는 것은 미지의 세계를 탐험하는 것과 같다고 할 수 있습니다. 국내 여행의 경우는 별 문제가 없지만 국외 여행의 경우 문제는 달라집니다. 문화가 다르니 생각이나 행동 양식이 다릅니다. 우리에게 예의라고 알던 것이 그쪽에서는 아닌 경우도 많습니다.

예를 들어 우리의 경우 밥을 먹을 때 밥그릇을 밥상 위에 놓고 먹습니다. 일본의 경우 밥그릇을 들고 먹는 것이 예의바른 식사예절입니다. 신을 벗고 들어갈 때도 완전히 반대입니다. 이런 경우 여행자는 이른바 여행을 떠날 때 가진 설레임이 충격으로 바뀌기 시작합니다.

여행자가 가지는 이런 문화적 충격의 심리적 상태를 홉스테드는 『세계의 문화와 조직』이라는 책에서 다음과 같은 문화적응곡선으로 설명하고 있습니다.

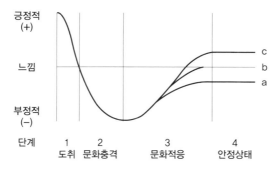

101

그림에서 보듯이 낯선 곳에 간다는 것은 먼저 설레임 혹은 호기심이 발동합니다. 이어 다른 언어, 생활습관, 관습 등에서 충격을 받습니다. 그리고 시간이 지남에 따라 그곳의 문화를 이해하면서 서서히 적응하는 단계에 접어듭니다. 마지막으로 자신의 문화와 비교하면서 자신이 소외감이나 차별감을 느끼면 그 문화에 대해서 부정적으로 생각합니다 (4a). 양 문화에 적응한 경우에는 4b의 상태에 머뭅니다만, 자신의 문화보다 더욱 긍정적으로 생각하는 경우는 4c의 상태가 되어 이른바 본토 사람보다 더한 본토 사람이 됩니다.

수학여행의 경우는 대개 2박 3일 혹은 1박 2일로 이러한 문화적응곡선이 적용되지 않습니다. 하지만 국제화 시대에서 많은 외국인이 우리나라에 살고 있고, 또한 많은 우리나라 사람들이 외국에 살고 있습니다. 우리나라 사람이 외국에 살던, 외국인이 우리나라에 살던 모두가 위의 그림과 같은 심리적 상태를 겪었다고 할 수 있습니다.

수학여행뿐만 아니라 학생들이 직접적이든 간접적이든 많은 경험을 한다는 것은 인생을 살아가는 데 대단히 중요합니다.

"태산은 한 줌의 흙도 놓치지 않는다"는 말처럼 사람은 자신이 겪은 직·간접적 경험을 통해 세상을 바라보는 안목을 기르고 인격을 완성해가는 것입니다. 지금의 수학여행이 1박 혹은 2박으로 시간적으로 보면 짧으면 짧다고 할 수 있지만, 이런 경험이 쌓이고 쌓여 자신만의 산을 만드는 것입니다.

방학이란?

방학!

학교에 근무하는 우리에게는 그리 낯설지 않는 단어입니다. 계절의 절기처럼 방학은 어김없이 다가옵니다. 이른바 여름방학, 겨울방학이 그것입니다. 이 방학의 사전적 의미는 '학교에서 학기나 학년이 끝난 뒤 또는 더위나 추위를 피하기 위하여 여름이나 겨울에 수업을 일정기간 동안 쉬는 일, 또는 그 기간'으로 기술하고 있습니다.

방학의 사전적 의미를 그대로 보자면, 방학은 결국 계절의 요인에 의해 이루어지는 것으로 되어 있습니다. 옛날 냉난방 시설이 잘 갖추어져 있지 않은 경우에는 이 사전적 의미가 어느 정도 일리가 있을지는 모르지만 학교에 모든 냉난방 시설이 갖추어져 있는 지금의 시점에서는 가슴에 그리 와 닿지 않습니다.

그렇다면 이 방학을 오늘의 의미에 비추어 교육적으로 어떻게 의미 부여하는 것이 좋은가? 교육이라는 단어가 가진 본래적 의미는 시대와 장소에 따라 변함이 없다고 하지만, 이 본래적 의미를 살리기 위한 방법적인 면은 변한다고 할 수 있습니다.

예를 들어 효孝에 대한 의미는 시대와 장소에 따라 변하는 것이 아닙니다. 나를 낳아주고 길러주신 부모님에게 보은報恩을 하자는 것은 누구나 공감합니다. 하지만 부모님이 깊은 병환에 들었을 때, 옛날 우리 선조 중에는 자신의 손가락을 끊어 부모님을 봉양한 이른바 손가락을 자른 '단지효자斷指孝子'도 있었습니다. 만약 지금 이러한 행위를 한다면, 아마도 이것은 어리석은 일 중의 하나일 것입니다. 왜냐하면 의학의 발달로 인해 병원이 충분히 그 기능을 담당하고 있기 때문입니다.

방학도 마찬가지입니다. 옛날과 마찬가지로 지금도 여름, 겨울 어느 일정 기간 학교 수업은 진행되지 않고 있지만, 방학이 가진 본래적 의미는 변함없으며, 단지 그 방법적인 면이 변한다고 할 수 있습니다. 그렇다면 방학이 가진 본래적 의미가 무엇인가? 그것은 바로 교육이 가지고 있는 '가치롭고 바람직한'그 무엇에 대한 의미입니다. 학교가 교육을 행하는 공적 기관이라는 점을 부인할 사람은 아무도 없습니다.

학교가 교육을 행하는 장소라면 방학 역시 교육적 행위의 한부분입니다. 방학이 교육적 행위의 한부분이라면 방학도 당연히 교육적으로 의미를 가져 야 합니다.

방학의 사전적 의미가 학기말 또는 학년말 더위나 추위를 피하기 위하여 일정 기간 수업을 하지 않는다고 하지만, 이것은 어디까지나 공적으로 이루어지는 수업의 휴식을 말합니다. 수업은 교사가 교재를 가지고 학생들에게 가르치는 행위입니다. 이러한 공적인 수업은 방학 동안에는 이루어지지 않습니다. 그렇다고 하여 방학에는 학생들이 마냥 목적없이 무계획적으로 놀아야만 하는가? 여기에 동의할 교사는 거의 없다고 여겨집니다. 방학도 교육기간 속에 포함되어 있다는 점에 대해서는 가르치는 우리는 모두가 동의하리라고 생각합니다.

방학도 교육기간에 속한다고 한다면, 방학은 분명 교육의 본래적 의미 즉, '가치롭고 바람직한'그 무엇에 헌신을 해야 한다는 뜻입니다. 정규 교육과정이야 각 교과마다 가르쳐야 할 목적과 목표가 있어 이에 충실하다면 교육이 지향하는 본래적 의미에 접근한다고 볼 수 있지만, 방학放學은 말 그대로 '배움을 풀어 놓는다'는 의미인데 짜여진 시간표대로 교사가 교재를 가지고 학생을 가르친다는 수업의 정의와 들어맞지 않습니다.

방학 동안 대부분의 학생들은 가정에서 생활하기 마련인데, 여기에는 '교사'라는 매체가 빠진 수업을 학생 스스로가 해 나갈 수밖에 없는 입장에 놓이게 됩니다. 물론 교사가 방학 전 생활계획표를 나누어 주더라도 이것을 행하는 주체는 학생 스스로입니다. 이런 점에서 본다면 방학은 학생들로 하여금 스스로가 그 무엇을 하도록 하는 '자율성'이라는 의미가 강하게 작용한다고 할 수 있습니다. 이 자율성을 기반으로 하여 학생은 방학 동안 자신이 세운 계획에 따라 생활해 나가는 것입니다.

교육과정을 '표면적 교육과정'과 '잠재적 교육과정'으로 나눈다면, 제가 보기에 방학은 '개인적 교육과정'의 실현 기간이라고 볼 수 있습니다.

이 개인적 교육과정 속에서는 우리가 흔히 말하는 개인의 잠재력 계발과 같은 것이 들어있다고 보아야 합니다. 평소 제도권 교육의 틀 속에서는 할 수 없었던 것을 스스로 찾아 접해 보는 것, 그리고 여행을 통해 세상을 바라보는 안목을 넓히는 것, 하나의 악기에 빠져보는 것 등이 방학 중 일어나는 개인적 교육과정 속에 들어있습니다.

이런 점에서 본다면, 방학은 학생 스스로가 교사가 되기도 하고 학생이 되기도 하면서 학교 안팎의 모든 것을 교재로 삼아 수업하는 기간이라고 할 수 있습니다.

학무상사學無常師라는 말이 있습니다. "배움에 스승이 항상 있는 것은 아니다"는 말입니다. 사실 방학도 이 학무상사의 의미가 강하게 작용한다고 볼 수 있습니다. 우리가 지금까지 살아 온 경험을 보더라도 알 수 있습니다. 우리의 삶이 오늘 여기에 오게 된 것은 어느 정도의 공적인 가르침과 스스로의 노력에 의해 여기에 오게 된 것입니다. 공적인 가르침이 삶의 기본인 바탕을 마련해 주는데 있다면, 그것을 바탕으로 삶의 깊이와 범위를 확장하는 것은 스스로에게 달려있습니다.

'말을 물가까지 끌고 갈 수 있지만, 물을 먹일 수는 없다'는 말처럼 공적인 가르침은 어느 정도의 한계를 가지고 있습니다. 왜냐하면 학교 교육과정은 어쩌면 어른인 우리의 고민이 반영된 교육과정이지만, 이 사회가 요구하는 모든 가치관을 모두 담을 수는 없습니다. 그렇다면 결국 학교교육 과정 외의 가르침은 학생 스스로가 느끼고 익히며 갈 수밖에 없습니다.

이러한 의미에서 학생들에게 있어 방학은 매우 중요한 교육의 또 다른 연장입니다.

공자가 말하다

　배움에 대한 기쁨을 공자孔子는 '배우고 때때로 그것을 익히면 이 또한 기쁘지 아니한가?'(學而時習之不亦說乎학이시습지불역열호)라고 했습니다.

　'모름'에서 '앎'으로 가는 이 과정은 처음에는 얼마간의 고민이나 고통이 따를 수 있을 것입니다.

　'모름'에 대한 긴장도가 높으면 높을수록 '앎'에 대한 열망은 더욱 높아집니다. 배움에 대한 기쁨도 마찬가지입니다. 모름에 대해 가슴 답답해 할 때 찾아오는 앎. 이 순간의 기쁨은 이루 말할 수 없을 것입니다.

　초등학교는 이러한 배움의 기쁨을 알아가는 첫단계라고 볼 수 있습니다. 물론 초등학교는 초등학교 나름의 배움이 있으며, 이러한 배움을 통해 자신의 기쁨을 찾고 이 기쁨이 나중에는 하나의 밑거름이 된다고 볼 때 얼마간 시대의 흐름에 맞지 않는 것도 있지만, 나름의 교육적 의미를 『논어』몇 편에서 찾아 해석하고 더불어 배움의 지혜로 삼기를 바라는 마음입니다.

　曾子曰증자왈 吾日三省吾身오일삼성오신 爲人而不忠乎위인이불충호 與朋友交而不信乎여붕우교이불신호 傳不習乎전불습호

　증자가 말하였다. "나는 매일 세 가지를 반성한다. 남을 위하여 일을 하면서 충실하게 하였느냐? 친구와 사귀면서 불신은 없었는가? 배운

것을 익히지 못하였는가?"

　－반성적 삶은 나를 되돌아 보는 계기가 되는 것으로 앞으로의 나를 더욱 성숙하게 하는 동력이 된다.

子曰^{자왈} 弟子入則孝^{제자입즉효} 出則弟^{출즉제} 謹而信^{근이신} 汎愛衆而親仁^{범애중이친인} 行有餘力^{행유여력} 則以學問^{즉이학문}

　선생께서 말씀하셨다. "젊은이들은 집에서는 효도하고 나가서는 공손하고 근신하면서 믿음있게 하고 널리 많은 사람들을 사랑하고 어진 사람과 가까이 지내되, 행하고 그래도 힘이 남으면 학문을 하라."

　－우리가 배우고 알려고 하는 것은 결국 올바르게 실천하기 위해서이다.

子曰^{자왈} 不患人之不己知^{불환인지불기지} 患不知人也^{환부지인야}

　선생께서 말씀하셨다. "남이 나를 알지 못하는 것을 걱정하지 말고, 남을 알지 못하는 것을 걱정하여라."

　－상대방에 대한 배려와 공감은 남의 입장을 이해하는 데서 출발하는 것이다.

子曰^{자왈} 詩三百一言以蔽之^{시삼백일언이폐지} 曰^왈 思無邪^{사무사}

　선생께서 말씀하셨다. "시경에 있는 시 삼백 편을 읽으면, 한마디로 생각에 사특함이 없다."

　－사람들이 가지고 있는 정서나 감정, 입장 그리고 시대적인 상황을 알고 이해한다면 올바른 생각은 자연스럽게 따라온다.

子曰^{자왈} 吾十有五而志于學^{오십유오이지우학} 三十而立^{삼십이립} 四十而不惑^{사십이불혹} 五十而知天命^{오십이지천명} 六十而耳順^{육십이이순} 七十而從心所欲不踰矩^{칠십이종심소욕불유구}

선생께서 말씀하셨다. "나는 15세에 배움에 뜻을 두었고, 30세에 자립하였으며, 40이 되어서는 흔들리지 않았으며, 50세에 천명을 알았고, 60에 귀가 순해졌으며, 칠십이 되어서는 마음 속으로 하고 싶은 대로 해도 전혀 법도에 어긋남이 없었다."

  −자신의 삶은 자신이 가꾸는 것으로 배움에도 단계가 있다.

孟武伯問孝^{맹부백문효} 子曰^{자왈} 父母唯其疾之憂^{부모유기질지우}

맹무백이라는 사람이 효에 대해서 묻자, 선생님께서 다음과 같이 말씀하셨다. "부모는 오직 그 자식이 병이 들까 걱정한다."

  −어기지 않는 것, 물질적 풍요보다는 정성, 표정에서 나타나는 정성 등 각 개인의 성향에 따라 효의 실천 방법도 다른데, 이는 교육도 마찬가지이다.

子曰^{자왈} 學而不思則罔^{학이불사즉망} 思而不學則殆^{사이불학즉태}

선생께서 말씀하셨다. "배우기만 하고 생각하지 않으면 체계가 없고, 생각만 하고 배우지 않으면 위태롭다."

  −배우고 생각하고, 생각하고 배우면서 성장한다.

子曰^{자왈} 由^유 誨女知之乎^{회여지지호} 知之爲知之^{지지위지지} 不知爲不知^{부지위부지} 是知也^{시지야}

선생께서 말씀하셨다. "유야! 너에게 아는 것이 무엇인지 가르쳐 줄까? 아는 것을 아는 것이라 하고 모르는 것을 모르는 것이라고 하는 것이 바로 아는 것이다."

  − 교학상장은 말 그대로 가르치고 배우는 것은 서로 성장하는 것이다. 배우면서 자신의 부족분을 알고, 가르침 속에서 자신에게 보충해야 할 부분을 알아 이것을 채워가는 것인데, 이는 자신에게 모자라고 부족한 부분을 아는 것, 이것이 바로 진정한 앎이기 때문이다.

子曰^{자왈} 射不主皮^{사부주피} 爲力不同科^{위력부동과} 古之道也^{고지도야}

선생께서 말씀하셨다. "활쏘기라는 것은 가죽을 뚫는 것을 목적으로 하지 않는다. 그것은 힘이 서로 같지 않기 때문이다. 이것이 옛날의 활쏘기였다."

—사람마다 얼굴이 다르듯이 개인마다 지니고 있는 소질이나 능력이 다를 수밖에 없다. 교육은 바로 이 개인 차를 인정하는 데 있다.

子曰^{자왈} 十室之邑^{십실지읍} 必有忠信如丘者焉^{필유충신여구자언} 不如丘之好學也^{불여구지호학야}

선생께서 말씀하셨다. "열 가구 정도 사는 마을에도 나처럼 충과 신의가 있는 사람이 반드시 있으나 하지만, 나처럼 배우기를 좋아하는 사람은 본 적이 없다."

—배움의 열정은 누구나 가지고 있다.

冉求曰^{염구왈} 非不說子之道^{비불열자지도} 力不足也^{역부족야} 子曰^{자왈} 力不足者中道而廢^{역부족자중도이폐} 今女畫^{금여획}

염구(공자의 제자)가 말했다. "선생님의 도를 좋아하지 않는 것은 아니지만, 저의 힘이 부족합니다." 공자께서 말씀하셨다. "힘이 부족한 자는 중도에 그만두는데, 너는 미리 선을 긋는구나."

—자신이 가진 가능성이 무엇인지 스스로를 되돌아 보는 삶

子曰^{자왈} 質勝文則野^{질승문즉야} 文勝質則史^{문승질즉사} 文質彬彬^{문질빈빈} 然後君子^{연후군자}

선생께서 말씀하셨다. "내용이 형식보다 뛰어나면 거칠어지고, 형식이 내용을 넘어서면 겉만 번지르르해 진다. 형식과 내용이 조화를 이룰

때 군자라고 한다."

─아는 것과 실천하는 것의 조화

子曰^{자왈} 不憤不啓^{불분불계} 不悱不發^{불비불발} 舉一隅不以三隅反^{거일우불이삼우반} 則不復也^{즉불복야}

선생께서 말씀하셨다. "몰라서 애태우지 않으면 열어주지 않고, 표현을 못해 갑갑해 하지 않으면, 일깨워주지 않고, 한 모퉁이를 들어주었는데, 그 나머지를 네 스스로 들지 않으면 나는 다시 반복하지 않는다."

─공부는 결국 스스로 하는 것.(자기 계발, 자기 주도적 학습)

子曰^{자왈} 學如不及^{학여불급} 猶恐失之^{유공실지}

선생께서 말씀하셨다. "배우는 것이 마치 미치지 못하는 듯이 하며, 오히려 그것을 잃어버릴까 두려워해야 한다."

─자만심은 공부를 방해한다.

子曰^{자왈} 譬如爲山^{비여위산} 未成一簣^{미성일궤} 止^지 吾止也^{오지야} 譬如平地^{비여평지} 雖覆一簣^{수복일궤} 進^진 吾往也^{오왕야}

선생께서 말씀하셨다. "산을 만드는 것으로 비유하자면, 한 바구니가 적어서 산을 만들지 못해서 멈추었다면, 그것도 내가 그만둔 것이고, 땅을 고르는 것으로 비유하자면, 비록 한 바구니의 흙을 부어 나아갔다면 이것 역시 내가 나아간 것이다."

─노력이 중요하다.

子曰^{자왈} 古之學者爲己^{고지학자위기} 今之學者爲人^{금지학자위인}

선생께서 말씀하셨다. "옛날의 학자는 자기 수양을 위해 공부를 하였고, 지금의 학자는 남 때문에 공부한다."

−공부는 자신을 채우기 위함이지, 남에게 과시하기 위한 것이 아니다.

子曰^{자왈} 人無遠慮^{인무원려} 必有近憂^{필유근우}

선생께서 말씀하셨다. "사람이 깊게 멀리 생각하지 않으면 반드시 가까운 장래에 근심이 생긴다."

−거시(매크로)와 미시(마이크로)를 동시에 생각하는 사람이 되어야 한다.

子曰^{자왈} 人能弘道^{인능홍도} 非道弘人^{비도홍인}

선생께서 말씀하셨다. "사람이 도를 넓히는 것이지, 도가 사람을 넓히는 것이 아니다."

−모든 것은 내가 주인이라는 것.

孔子曰^{공자왈} 益者三友^{익자삼우} 損者三友^{손자삼우} 友直^{우직} 友諒^{우량} 友多聞^{우다문} 友便辟^{우편벽} 友善柔^{우선유} 友便佞^{우편녕} 損矣^{손의}

공자께서 말씀하셨다. "나에게 유익한 친구 세 부류가 있고, 그렇지 못한 친구 세 부류가 있다. 정직한 친구, 성실하고 진실된 친구, 견문이 넓은 친구는 유익한 친구이며, 아첨 잘 하는 친구, 겉만 번지러하면서 실속이 없는 친구, 말만 잘 하는 친구는 나에게 해로운 친구이다."

孔子曰^{공자왈} 生而知之者上也^{생이지지자상야} 學而知之者次也^{학이지지자차야} 困而學之又其次也^{곤이학지우기차야} 困而不學^{곤이불학} 民斯爲下矣^{민사위하의}

공자께서 말씀하셨다. "나면서 아는 사람은 상급이고, 배워서 아는 사람은 그 다음이며, 곤경에 처해 배우는 사람은 또한 그 다음이며, 곤경에 처해도 배우지 않는 사람은 정말 곤란하다."

배움 I

어떤 거울이 될 것인가

몇 년 전 TV에서 '허준'이라는 드라마가 공전의 히트를 친 적이 있습니다. 지금도 창녕 화왕산 정상에 가면 허준 드라마 세트장을 볼 수 있습니다. 그 허준 선생이 저술한 의서醫書가 『동의보감東醫寶鑑』입니다.

이 동의보감처럼 鑑감 자가 들어간 책이 또 있습니다. 바로 명심보감明心寶鑑입니다. 동의보감, 명심보감처럼 이 '감'이 들어가는 책들이 꽤 있습니다.

감鑑은 거울을 의미합니다. 감이 거울이라면 보감寶鑑은 '귀한 거울' 정도로 해석할 수 있겠습니다. 동의東醫가 우리나라 의학을 뜻하는 것이니, 동의보감은 실로 우리나라 의학에 있어 길라잡이가 되는 귀한 거울이라고 할 수 있습니다.

이렇듯 동의보감은 중국 의학에서 탈피하여 우리나라에 맞는 의학에 관한 책으로 앞으로 의학에 관심이 있는 후학들이 이 책을 거울 삼아 우리나라 의학을 더 발전시키도록 하라는 의미가 들어있다고 볼 수 있습니다. 후세에 모범이 되는 것, 이것이 바로 감에 들어있는 의미입니다. 명심보감 또한 마찬가지입니다. 올곧고 바른 마음을 가지게 하는 거울과 같은 책이라는 뜻을 담고 있습니다.

거울은 자기 자신을 반추해 보는 역할을 합니다. 보감에서 말하는 거울을 교육적 의미로 풀이해 보면, 바로 모범을 의미합니다. 거울 속에 비친 자기 자신을 속일 수 없듯이, 가르치는 사람이 행하는 모든 행위는 교육받는 학생들의 입장에서는 하나의 거울입니다.

『중용中庸』에 '막현호은莫見乎隱 막현호미莫顯乎微'라는 말이 있습니다. 숨어있는 것, 아주 작은 미세한 것일수록 더욱 잘 드러난다는 말입니다. 가르치는 사람으로서 하는 행동이 모범, 거울이 되었을 때 학생들은 당연하다고 여깁니다. 왜냐하면, 교사라는 말 속에 이러한 의미가 내포되어 있기 때문에 당연시하는 것입니다.

그러나 무언가의 실수로 거울이 깨졌을 때를 생각해 보십시오. 깨진 거울에 나타나는 내 얼굴의 자화상은 정말 희한합니다. 파편 속에 나타난 내 얼굴은 평소에 생각한 내 얼굴이 아닙니다. 마찬가지로 당연한 것을 당연한 것으로 하지 못 했을 때 즉, 학생들에게 거울이 되지 못 했을 때는 나의 교사상(거울)은 형편없이 일그러질 수밖에 없습니다. 이것이 바로 '막현호은 막현호미'입니다.

아침에 출근할 때 거울을 보면서 자신의 옷매무새를 다듬듯이, 학교에서 학생들은 교사의 언어, 행동, 습관 등을 보면서 자신에 대한 삶의 매무새를 다듬는다고 생각합니다. 이렇게 보면 감鑑이 참 좋기도 하지만 어려운 숙제를 우리에게 남겨주는 것 같습니다. 값이 비싼 거울도 자세히 보면 약간의 굴곡이 있듯이 비록 교사인 우리가 학생들에게 완벽한 거울이 될 수는 없다고 하여도 되려고 하는 과정의 연속선은 가지고 있어야 된다고 생각합니다.

교육적인 활동이 결과보다는 과정을 중시하듯 자신의 거울에 거친 면이 있으면 거친 면을 제거하려는 과정적 노력을 중시하면서 살아가는 것이 결국 자신의 거울을 매끄럽게 다듬는 지름길이 아닌지 자문하여 봅니다.

손맛

TV에서 캐나다 며느리의 한국 생활에 관련된 프로그램을 본 적이 있습니다. 그 중에 특히 인상 깊었던 것은 며느리가 준비한 나물에 깨소금, 간장, 마늘, 참기름 등을 넣어 버무리고, 이를 시어머니가 맛보면서 한 말이었습니다.

"아무리 눈으로 보고 익히더라도 맛을 알 수 없는 기라. 손맛이 중요하제. 눈으로는 아무리 보아도 모르제."

이 시어머니의 말씀은 바로 경험의 중요성을 말하고 있습니다. 초등학교에서 학생들의 경험이 교육적으로 중요하다는 것은 누구나 공감하고 있습니다.

우리가 실시하고 있는 체험학습은 모두 학생들에게 경험의 다양성을 제공하는 하나의 수단입니다. 그렇다면 우리는 경험을 어떻게 보아야 하는가? 우리가 보통 경험이라고 하면 몸으로 직접 가 보는 것 즉, 직접경험을 연상합니다.

텔레비전 속의 대화도 직접경험의 중요성을 말하고 있고, 또 시어머니의 손맛을 전승하려면 직접해 보면서 시행착오을 줄이는 수밖에 없습니다. 학교에서도 학생들에게 이런 경험을 제공해 주기 위해 노력하고 있습니다.

학교에서 학생들에게 다양한 경험을 제공하자는 데에 반론을 제기할 사람은 별로 없다고 여겨집니다. 우리가 학생들에게 다양한 경험을 제공하자는 데는 학생들이 경험을 통해 세상을 폭 넓고 깊이 있게 보는 눈을 기르려는데 그 목적이 있습니다.

문제는 우리가 교육적 판단에 의해 필요하다고 선정한 모든 것을 학생들로 하여금 모두 경험시킬 수 있느냐 하는 것입니다. 이에 대해 누구나 '아니다'고 대답할 것입니다. 그렇다면, 우리가 실시하고 있는 한 두 번 정도의 체험학습은 교육적으로 의미가 없다는 말인가! 라고 반문할 수도 있습니다. 만약 교육적으로 의미가 없다면 학교 교육과정 자체에서 그것이 배제되었을 것입니다. 비록 일 년에 한 두 번이지만 이런 것을 통해서 학생들은 '아! 이런 것도 있구나'고 느끼는 것입니다. 그렇지만 이러한 경험은 분명 한계가 있습니다. 모든 것을 경험시켜 줄 수 없기 때문입니다.

현실적 맥락에서 보더라도 경험 중에 직접경험의 한계성은 분명 있습니다. 어떤 곳을 직접 가서 보고 느낀다고 하여 그것이 올바르게 보고 느낀다고 생각할 수 없습니다. 왜곡되게 볼 수도 있습니다. 사람의 주관이라는 것은 어쩌면 상대적이라 같은 곳을 보더라도 생각하는 것이 다를 수도 있습니다.

임진왜란이 일어나기 전에 일본을 다녀온 두 사신을 생각해 보십시오. 똑같은 곳에서 일본의 상황을 보았는데 한 명은 전쟁에 대비해야 한다고 하고, 한 명은 전쟁이 일어나지 않는다고 하였습니다.

'손맛'이라는 제목을 통해서 강조하고자 하는 것은 바로 간접경험에 대한 중요성을 말하고자 하는데 있습니다. 어차피 우리가 살아가면서 모든 것을 경험할 수 없다면, 또 모든 것을 경험한다고 하여도 그것을 보는 안목이 필요합니다. 이것이 우리의 삶이라면 학교에서 학생들에게 간접경험의 기회를 많이 제공해 주어야 합니다. 그 대표적인 예가 바로 독서입니다.

책은 인류가 지금껏 쌓아온 지식이나 지혜가 담겨져 있습니다. 책을 읽는 이 순간은 시간적으로는 현재, 지금이지만, 우리는 책 속에서 몇 천 년 전 인류의 삶을 알 수 있고, 먼 미래를 마음껏 여행할 수 있습니다. 보다 중요한 것은 책을 통해 한 개인은 이 세상을 합리적으로 바라보는 안목을 기른다는 것입니다.

주자朱子는 책을 읽는 마지막 단계를 심독心讀이라고 하였습니다. 즉, 마음으로 읽는다는 것입니다. 마음으로 읽는다는 것은 그 책에 담긴 의미를 생각하면서 읽는다는 것과 같습니다. 그 속에 담긴 의미란 결국 우리가 이 세상을 살아가면서 필요한 요소들을 생각하면서 읽는다는 뜻입니다.

책을 읽는다는 것은 결국 자신이 직접 가 보지는 않았지만 책 속의 문자와 맥락을 통해 그곳 또는 그것들과 대화하는 것이라고 할 수 있습니다.

우리는 지금 6학년 사회과 세계라는 단원을 가르칩니다. 그 내용은 아프리카입니다. 6학년 담임 가운데 아프리카를 다녀 온 사람은 없습니다만, 우리는 이 아프리카 단원을 가르치는데 주저하지 않습니다. 왜냐하면 간접경험의 매체가 많이 있기 때문입니다.

직·간접 경험의 조화를 통해 학생들이 어른이 되었을 때 균형 잡힌 시각으로 이 세상을 살아 갈 수 있도록 하는 것이 교육에 담긴 목적 중 하나라고 생각합니다.

곰국 끓이듯

찬 바람이 불어오는 겨울이 되면 제일 먼저 떠오르는 것이 어머님이 끓여주는 곰국입니다. 겨울철이 되면 어머니는 소뼈를 맑은 물에 담가 핏물이 다 빠지면 가마솥에 물을 가득 붓고 뼈를 넣어 장작불을 지펴 하루종일 고아내면 뽀얀 국물이 우러납니다.

처음 나온 국물은 항아리에 담아 식힙니다. 그리고 다시 물을 붓고 두 번 째 국물을 곱니다. 이런 과정을 서너 차례 반복하고 난 후 첫 국물과 마지막 국물을 합쳐 다시 고아냅니다. 그렇게 하면 처음 국물과 마지막 국물이 가마솥에서 은근하게 어우러져 진한 곰국이 완성됩니다.

이렇게 진한 곰국을 만들기 위해서 고는 과정은 지난한 인내의 과정이 필요합니다. 그리고 만들어진 곰국은 가족들의 밥상에서 곰삭은 깍두기와 함께 겨울 추위를 이겨내는 보약이 됩니다.

이런 곰국을 만들기 위해 반드시 필요한 것이 '고고 고는 작업'인데, 이 '고고 고는 일'이 곰국을 만들기 위한 과정이라면 맛은 그 결과라 할 수 있습니다.

'고고 고는 것'은 오랫동안 되풀이되는 하나의 반복 작업입니다. 교육 또한 마찬가지입니다. 우리는 학생들의 학습이나 행동면을 6년 동안 고고 고는 작업을 합니다.

이것을 우리는 '습관화'라고 부릅니다. 습과화는 말 그대로 그 어떤 것을 몸에 붙이는 의미입니다. 구구셈에서 2×2=4를 떠듬거리면서 4라고 답을 했다면, 아직 몸에 붙이지 못한 것을 말합니다.

　모르는 것을 알도록, 아는 것을 몸에 붙이도록, 몸에 붙은 것을 실천으로 가도록 하기 위해선 가르치는 자의 끊임없는 지도가 필요합니다. 한번 배워 알고 실천한다면 그야말로 교육에서 100%의 효과라고 볼 수 있지만, 이것은 보통의 교육을 하는 우리 입장에서 바라보면 거의 불가능합니다.

　한석봉과 그 어머니의 일화에서 일회전은 한석봉의 완패로 끝납니다. 한석봉은 어머니가 썬 반듯한 떡처럼 글씨가 몸에 붙어 있지 않았기 때문입니다. 2회전이 있었다면 아마도 무승부였을 것입니다. 왜냐하면 둘 다 습관화가 몸에 배였을 것이기 때문입니다.

　뼈를 고는 작업을 통해 맛있는 곰국이 만들어지는 것과 같이 초등학교 교육 또한 가르치는 자가 배우는 자에게 은근하게 고는 작업을 해야만 합니다. 맛있는 곰국을 만들기 위해선 뼈를 고는 과정에서 핏물이나 잡티를 끊임없이 건져내야만 합니다.

　교육도 마찬가지입니다. 아이들이 가진 올바르지 못한 행동이나 모르는 것에 대한 원인이나 이유를 찾아 그 원인이나 이유를 제거해 가는 과정, 이 과정이 바로 곰국을 고듯 바른 행동을 고는 과정이라고 생각합니다.

민족교육과 문화

1

우리나라 사람들이 일본에 대해 글을 쓰면 예외없이 등장하는 말이 있습니다. '가깝고도 먼 나라'가 바로 그것입니다.

하지만, 저는 일본을 생각하면 항상 떠올리는 논어의 한 구절이 있습니다. '군자구제기君子求諸己 소인구제인小人求諸人'. 군자는 모든 원인을 자기 자신에게 구하고, 소인은 모든 원인을 다른 사람으로부터 찾는다는 말입니다. 침략의 부정, 위안부 문제 등등에 대해 일부 정치인들이 내뱉는 말에서 바라보는 저의 시각입니다. 구제인에서 구제기로 이끄는 것이 바로 교육입니다.

결국 교육은 그 무엇을 '답게'하려고 하는데 그 목적이 있습니다. 유교적 맥락에서 본다면, 사람은 누구나 '답다'는 것을 가지고 있지만, 사욕 등에 의해 가리워져 있는 것 즉, '답지 못한 것'을 '답게' 가도록 이끌어주는 것이 교육입니다.

일본의 역사교육에 대한 우려도 이런 맥락에서 바라볼 수 있습니다.

글의 제목이 '민족교육과 문화'라고 한다면 민족교육과 관련된 우리 문화를 소개하는 것으로 볼 수 있습니다. 하지만 여기에서는 그러한 문화를 다루고자 하는 것이 아니라 재일동포의 역사를 가슴속에 새기며, 현재 한국과 일본이 어떤 문화 차원을 가지고 있는가 하는 점에 주안을 두고 있습니다.

2

지금 일본의 생활은 저에게 있어 분명 외국생활입니다. 외국생활이라고 한다면 우리나라에 있을 때와 다른 그 무엇이 있습니다. 그 중 어휘적인 면을 보면, 민족, 동포라는 말을 자주 사용하고 있습니다. 국내에 있을 때는 이런 말을 사용한 적이 없었습니다. 모두가 우리 민족이고 동포이니 그런 말을 사용할 필요가 없었기 때문입니다.

하지만 타민족과 함께 살아간다면 문제는 달라집니다. 이른바 나(민족)와 남(이민족)을 구별하는 선이 있기 때문입니다. 이 선은 '차이'에서 비롯되며, 이 차이가 바로 문화, 역사, 풍습, 정신 등이라고 할 수 있습니다.

그렇다면 우리가 흔히들 사용하는 민족, 동포라는 단어를 시간적 흐름에 따라 간단하게 알아볼까 합니다.

민족이라는 용어가 언제 형성되었는가에 대한 의견은 학자마다 다르지만, 민족, 동포의 의미를 간단하게 살펴보겠습니다.

우리나라에서 민족, 동포라는 용어가 어떻게 사용되어 왔는가에 대해서 박찬승은 『민족 · 민족주의』(2010)에서 다음과 같이 말하고 있습니다.

고려, 조선시대에 민족과 비슷한 개념인 '족류族類'라는 용어가 있었다고 합니다. 고려시대에 사용한 족류라는 개념은 친족이라는 뜻으로 사용되다가, 조선시대에 들어서 족류의 개념은 외족外族과 경계를 짓는 단어로서 자기 종족의 정체성을 확인하는 단어로 사용되었다는 점을 지적하고 있습니다.

이 족류라는 개념에서 근대화의 영향을 받아 민족이라는 개념을 사용하기 시작하였는데, 이 역시 처음에는 동포, 민족, 국민, 신민 등으로 불려오다가 1908년경에 한국 민족에 대한 본격적 개념 규정을 하기 시작하였다고 합니다.

동포同胞라는 의미도 처음에는 한 형제(동기同氣) 또는 국왕에게 은혜를 받은 백성 등의 의미로 사용되다가 점점 의미가 분화하여 역사의 주체자로 나타나게 되었다고 합니다. 보살핌의 대상으로서 동포에서 계몽 대상으로서의 동포, 그리고 주체적 의식을 가진 대상으로서의 동포 등으로 시대상과 함께 범주는 외연을 넓혀가고 있음을 알 수 있습니다. 민족 또한 마찬가지입니다.

3

민족에 대한 개념을 한마디로 정의한다는 것은 사실 무리입니다. 하지만 한 민족을, 같은 피를 나누고, 같은 장소에서 같은 언어를 쓰며, 같은 정치, 경제 제도 등을 공유하는 집단으로 분류한다면, 재일동포에 대한 민족교육은 참으로 어려워집니다.

피의 흐름은 그렇다 하더라도 공간적 개념에서 본다면, 공유(공통적 속성)하는 것이 거의 없습니다. 그렇지만 민족교육은 해야 합니다.

그럼 민족교육은 어떻게 해야 할까요?

이에 대한 것은 프랑스 사람 르낭의 말에서 하나의 시사점을 얻을 수 있습니다. 르낭Ernest Renan은 『민족이란 무엇인가』(신행선 역, 2002)에서 다음과 같이 말하고 있습니다.

하나의 민족은 하나의 영혼이며 정신적인 원리다. 둘이면서도 사실 하나인 것이 바로 이 영혼, 즉 정신적인 원리를 구성하고 있다. 한쪽 은 과거에 있는 것이며, 다른 한쪽은 현재에 있는 것이다. 한쪽은 풍 요로운 추억을 가진 유산을 공동으로 소유하는 것이며, 다른 한쪽은 현재의 묵시적인 동의, 함께 살려는 욕구, 각자가 받은 유산을 계속 해서 발전시키고자 하는 의지이다.

르낭은 민족이란 하나의 왕조, 인종, 언어, 종교, 지리적인 경계에 의 해 구분되는 것이 아니라, 한 민족에 속하고자 하는 '귀속의지歸屬意志'를 주장하고 있습니다. 제가 보기에 오늘날 재일동포에 대한 민족교육은 이 말이 대단한 의미가 있다고 여겨집니다.

현재 일본에 살고 있는 재일동포들은 일본이라는 공간에서 살고 있 습니다. 이분들이 민족학교를 세우고, 민단을 만들어 활동하는 것도 결 국 우리나라 우리 민족에 대한 정신적인 연결을 갖고자 하는데 있다고 볼 수 있습니다.

민족교육을 하는 방법의 하나로 우리는 '우리 말'을 가르치고 있습니 다. 우리 말을 몰라서 우리 말을 가르친다는 것도 의미가 있지만, 우리 말을 통해 우리나라를 보다 더 잘 알고, 이를 통해 우리나라를 더욱 생 각하고 잊지 않도록 하는데 큰 의미가 있다고 생각합니다. 언어는 우리나라에 애착(귀속의지)을 갖도록 하는 하나의 다리라고 볼 수 있습니다.

르낭의 말이 주는 또 하나의 시사점은 한 민족이라는 공통적 연대감(귀속의지)을 갖기 위해서는 과거 찬란한 역사보다는 찬란하지 못한 과거 사실이 더 의미가 있다는 점인데, 이런 의미에서 보아도 민족교육 중 역사교육은 정말 중요한 것입니다.

우리가 민족교육을 위해 우리 말, 전통 음악, 여가 놀이 등등을 가르치는 것은 결국 한민족으로서의 정체성 확립을 위한 것이라고 볼 수 있습니다. 강물이 흘러 바닷가에 이르면 강물의 흔적은 어느덧 사라져 버립니다. 이러기에 민족교육은 중요하며, 이를 바탕으로 자신의 정체성을 가지고 남과 더불어 사는 삶을 살도록 하는 것이 민족교육의 궁극적 목표일 것입니다.

4

흔히들 지금의 사회를 국제사회라고 합니다. 국제는 '나라와 나라 사이'라는 의미입니다. 나라와 나라 사이, 이 사이에는 여러 가지가 있지만, 그 중 하나가 문화 사이입니다.

영어에서 문화란 경작한다는 의미가 들어있습니다. 경작하는 것은 정착한다는 것이고, 정착한다는 것은 곧 모둠살이에 필요한 그 무엇이 필요하다는 말과 같습니다. 이 필요함이 바로 문화이며, 이 필요함은 시대와 지역에 따라 다르게 표출될 수밖에 없습니다. 여기에서 당연시되는 것이 저기에서는 이상하게 되는 것을 보고 우리는 문화 차이라는 말로 이해합니다.

그렇다면 현 한국과 일본의 문화적 차원은 무엇이 다를까요?

이에 대해 네덜란드인 홉스테드$^{Geert\ Hofstede}$는 『세계의 문화와 조직』 (차재호·나은영 역,1995)에서 국가간 문화의 차이를 네 가지 차원으로 나누어 설명하고 있습니다.

ⅰ). 권력거리 : 평등문화와 불평등 문화, ⅱ). 개인주의 문화와 집합 주의 문화, ⅲ). 남성성 문화와 여성성 문화, ⅳ). 불확실성 회피 문화와 수용 문화가 그것입니다. 홉스테드는 IBM이라는 다국적 기업에 종사 하는 사람들을 상대로 동일한 설문조사를 한 결과 나라마다 대답은 다 르게 나온다는 점에 착안하여, 국가수준의 네 가지 문화차원을 도출하 였습니다.

그럼 우리나라와 일본의 문화지수와 함께 각 문화가 지니고 있는 특 징을 간단히 알아보겠습니다. 단, 여기서 소개하는 문화차원이 수학공 식처럼 절대성을 가지고 있는 것은 아닙니다. 다만 그러한 경향성을 가 지고 있는 것이라고 이해하면 충분합니다.

5

평등의 본래적 의미는 '모두가 똑같다'입니다. 하지만 이런 사전적인 의미는 실제 사회에서는 일어날 수 없습니다. 어느 사회이든 불평등은 존재하지만, 이것을 다루는 방식은 국가마다 다르다는 것입니다.

이를 표를 통해 우리나라와 일본의 권력거리 지수 및 평등문화(권력 거리가 작은 사회)와 불평등 문화(권력거리가 큰 사회)의 수용 정도에 따른 가족, 학교, 사회의 특징을 알아보겠습니다.

표1. 권력거리 지수

순위	나라	비고
1	말레시아	
27(28)	우리나라(그리스)	순위가 낮을 수록 권력거리가 큰 사회
33	일본	
40	미국	
53	오스트렐리아	

표2. 권력거리에 따른 사회 차이점(학교문화를 중심으로)

권력거리가 작은 사회	권력거리가 큰 사회
인간의 불평등은 최소한 되어야 한다	인간의 불평등은 당연하며 바람직한 것으로 여겨진다
부모는 자식을 자신과 동등한 존재로 대한다	부모는 자식에게 복종을 가르친다
자식은 부모를 동등한 존재로 대한다	자식은 부모를 존경심으로 대한다
수업시간에 교사는 학생이 주도적으로 나올 것을 기대한다	수업시간에 교사가 모든 것을 주도한다
교사는 객관적 진리를 전달하는 전문가이다	교사는 자신의 지혜를 전달하는 스승이다
교육수준이 높은 사람은 낮은 사람보다 덜 권위주의적인 가치를 지닌다	교육수준이 높은 사람이나 낮은 사람이나 비슷한 정도로 권위주의적인 가치를 지닌다
학생은 교사를 동등한 존재로 대한다	학생은 교사를 존경심으로 대한다
조직 안의 위계는 고위간부와 하위직원 간의 존재적 불평등을 반영한다	조직 안의 위계는 고위간부와 하위직원 간의 존재적 불평등을 반영한다

표1에서 보듯이 우리나라와 일본은 사회적 불평등에 대한 수용 정도가 중간 정도의 위치를 점하고 있습니다. 그러나 좀더 세분하여 보면,

우리나라가 일본보다 권력거리에 대해 더 민감한 것으로 나타납니다.

6

개인주의 문화와 집합주의 문화에 대해서는 너무나도 많이 듣고 알고 있기에 부연 설명이 필요없을 정도입니다. 하지만 각 나라가 그 문화의 어느 정도 위치에 있는가는 별개의 문제입니다.

왜 우리는 '나의 학교', '나의 부인'이라 하지 않고 우리 학교, 우리 마누라라고 할까요?

표3. 개인주의 지수

순위	나라	비고
1	미국	
22(23)	일본(아르헨티나)	유럽의 거의 모든 국가는
43	한국	개인주의 지수가 높다
53	과테말라	

표4. 집합주의와 개인주의 문화에 따른 사회 차이점(학교문화를 중심으로)

집합주의	개인주의
정체감의 근원은 개인이 속해 있는 사회적 그물망 속에 있다	정체감의 근원은 개인 안에 있다
어린이는 '우리'라는 틀 안에서 생각하는 법을 배운다	어린이는 '나'라는 틀 안에서 생각하는 법을 배운다
높은 맥락의 의사소통	낮은 맥락의 의사 소통
규칙을 위반하면 자기 자신과 집단에 대해 수치감과 체면 손상을 느낀다	규칙을 위반하면 죄책감과 함께 자기 존중감 상실을 느낀다

교육의 목적은 어떻게 행동할 것인가를 배운다	교육의 목적은 어떻게 학습할 것인가를 배운다
졸업장은 보다 높은 지위의 집단에 들어갈 자격을 부여한다	졸업장은 경제적 가치와 자기 존중감을 높여준다
인간관계가 일보다 우선이다	일이 인간관계보다 우선이다
경영은 집단의 경영이다	경영은 개인의 경영이다

여기서 남성성, 여성성 문화라고 하는 것은 생물학적으로 바라본 남자와 여자의 차이입니다. 남자라면 대체적으로 여자보다 힘이 세고, 도전적이고, 적극적이다. 반면 여자는 대체적으로 남자보다 소극적이고 힘도 약하지만 자애롭고 모성애 등을 가지고 있습니다.

홉스테드는 이러한 특질을 가지고 국가간 문화 차원을 도출하였습니다.

표5. 남성성 지수

순위	나라	비고
1	일본	남성성 문화를 가진 국가는 한마디로 거친 쪽을 더 존중하는 국가
15	미국	
41	한국	
53	스웨덴	

표6. 여성적 사회와 남성적 사회의 차이점점(학교문화를 중심으로)

집합주의	개인주의
사람들과의 따뜻한 인간관계가 중요하다	돈과 물건이 중요하다
모든 사람들이 겸손하다고 가정된다	남성들은 자기주장적이고 야심만만하며 거칠다고 가정된다

가정 안에서 아버지와 어머니는 모두 사실과 감정을 공히 다룬다	가정 안에서 아버지는 사실을, 어머니는 감정을 다룬다
소년,소녀들이 모두 울어도 되며 소년이든 소녀든 싸워서는 안 된다	소녀는 울고 소년은 울지 않는다 소년은 공격을 받을 때 싸워야 하며 소녀는 싸워서는 안 된다
약한 자에게 공감한다	강한 자에게 공감한다
다정다감한 교사들이 인정받는다	명민한 교사들이 인정받는다
학교에서 낙제하는 것은 사소한 일이다	학교에서 낙제하는 것은 엄청난 재앙이다
동등, 단결, 작업 환경의 질을 강조한다	형평, 동료간의 경쟁, 업적을 강조한다

표5에서 보듯이 일본은 남성성 문화 지수가 1위입니다. 그에 비해 우리나라는 전형적인 여성적 문화를 가진 나라임을 알 수 있습니다.

7

이 불확실성 회피와 수용문화는 오늘날을 사는데 있어 교육적으로 중요한 의미를 지니고 있습니다. 불확실성이란 한마디로 미래에 대한 불안의 정도를 말합니다.

우리가 만약 미래에 대해 불안을 느낀다면, 새로운 그 무엇에 도전할 수 없습니다. 즉, 잘 하지는 못해도 중간 정도면 된다는 심정으로 일을 하게 마련입니다. 이것이 바로 획일주의로 치닫으며, 다양성을 인정하지 못하는 사회로 가는 것입니다. 우리나라와 일본은 어떤 문화를 가지고 있는지 표를 통해 알아봅니다.

표7. 불확실성 회피 지수

순위	나라	비고
1	그리스	
7	일본	미국은 46위
16(17)	한국(터키)	
53	싱가폴	

표8. 불확실성 수용문화와 회피문화의 차이점(학교문화를 중심으로)

수용문화	회피문화
낮은 스트레스 : 주관적 행복감	높은 스트레스: 주관적 불안감
공격성과 감정을 드러내서는 안 된다	공격성과 감정은 적당한 시기와 장소에서 분출시켜도 좋다
애매한 상황과 익숙치 않는 모험에 대해서 편안하게 느낀다	익숙한 모험을 받아들인다. 애매한 상황과 익숙치 않는 모험을 두려워 한다
더러운 것과 꺼리는 것에 대해 아이들에게 요구하는 규칙이 엄격하다	더러운 것과 꺼리는 것에 대해 아이들에게 요구하는 규칙이 엄격하다
학생들은 개방적인 학습상황을 편하게 느끼며, 좋은 토론에 관심을 갖는다	학생들은 구조화된 학습상황을 편하게 느끼며 정답을 찾는 데 관심을 갖는다
교사들도 '나는 모른다'고 말할 수 있다	교사들은 모든 정답을 알고 있는 것으로 가정된다
반드시 필요한 규칙 이외의 규칙은 둘 필요가 없다	별로 실효가 없는 규칙이라도 감정적으로 규칙을 필요로 한다
엉뚱하고 혁신적인 생각과 행동에 대해 수용적이다	엉뚱한 생각과 행동을 억누른다: 혁신에 대한 저항이 있다

8

앞에서 '재일동포의 역사적 의미'를 가슴에 안고 앞으로 민족교육을 하는데 있어 필요한 것이 무엇인지 고민한 결과 문화라는 말과 함께 국가간의 문화 차원을 기술하였습니다.

우리나라의 문화가 어떻다, 일본의 문화가 어떻다라고 하는 것은 다분히 경험적이나 주관적으로 흐를 가능성이 있기에, 2-3에서는 국가간 문화 차이를 비교한 홉스테드의 책을 근거로 그대로 옮겼습니다. 이를 통해 국가간에는 이런 문화차이가 존재하며, 우리나라와 일본은 어떤 차이가 있는지를 알고 앞으로의 교육에 길라잡이가 되었으면 좋겠습니다.

며칠 전 TV를 보니, 우리나라 국민들이 6.25전쟁이 언제 일어났는지. 아니면 누가 일으켰는지도 모르고 있는 사람이 많았습니다. 심지어 북침이라고도 합니다. 이런 점에서 보더라도 역사교육은 대단히 중요합니다. 역사를 통해 우리가 얻고자 하는 것은 복수심이나 보복심이 아닙니다. 역사를 통해 지금 현재를 보다 슬기롭게 헤쳐나가려고 하는 합리적 이성(감성)을 키우는 데 있는 것입니다.

역사학자인 카Carr의 말로 끝맺음을 해봅니다. 역사란 무엇인가에 대해 카는 '과거와 현재의 끊임없는 대화'라고 하였습니다.
결국 이것은 과거와의 끊임없는 대화를 통해 우리는 하나의 거울을 찾는 데 있습니다. 이 거울을 통해 자신의 옷매무새를 고치듯이, 역사의 거울을 통해 정신의 매무새를 고쳐보는 자세가 필요합니다.

문화, 그리고 영어교육

문화는 영어로 컬처Culture입니다. 컬처는 컬티베이트Cultivate, '경작하다'에서 출발하였다고 합니다. 이 말을 곰곰이 생각해 보면 우리가 지금 말하고 있는 문화는 인류가 정착생활을 하면서 생겨난 것임을 미루어 짐작할 수 있습니다. 사람이 한 곳에 정착하면서 살아간다는 것은 곧 공동생활을 위한 그 무언가가 필요하다는 말과 같습니다.

즉, 한 공동체가 영위되기 위한 여러 가지 규범이나 관습 등이 그 공동체에 맞게 생겨나면서, 구성원들은 거기에 하나의 의미나 가치관을 부여합니다. 물론 시대와 장소에 따라 의미나 가치관은 달라집니다. 이처럼 한 공동체가 공통적으로 지니고 있는 가치관이나 행동 양식이 곧 그곳의, 그들의 문화라고 할 수 있습니다.

공자가 그처럼 열망하던 주周의 문화에 대해 사마천은 '문文'으로 주나라의 문화적 특성을 정의하고 있습니다. 이 문은 꾸밈과 함께 세련됨의 의미라고 합니다. 여기에 화化를 더해 우리는 문화라고 합니다. 글자 그대로 보면 '세련됨으로의 변화'로 풀이할 수 있으며, 세련됨의 전제는 '거침'입니다. '거침'에서 '세련됨'으로 행동 양식이 변화되는 것. 이것이 문화의 1차적 의미가 아닌가 생각해 봅니다.

이처럼 문화라는 것은 공동체의 삶을 보다 사람답게, 의미있게 살도록 하는 어떤 요소라고 할 수 있습니다. 세련되게 살기 위해 여기에는 철학적 기반, 종교적 기반, 자연 환경적 기반 등이 녹아 있다고 보아야 합니다.

홉스테드는 이 문화를 정신적 소프트웨어로 정의하고 각 나라의 문화 차원을 설명하고 있습니다. 이를 근거하여 보면, 우리가 우리 문화라고 한다면 여기에는 우리가 살아가면서 필요한 여러 가지 정신적인 소프트웨어를 지칭하는 말입니다.

미국 문화라고 한다면 미국인들의 삶에 필요한 여러 가지 정신적 소프트웨어가 들어있습니다. 이런 문화를 가장 잘 대변할 수 있는 것이 저는 언어라고 생각합니다. 언어는 자신이 가진 생각을 타인에게 말로써 표현하는 것입니다.

초등학교에서 영어교육을 실시하는 목적도 기본적인 언어 구사 능력을 거쳐 나중에는 그 나라의 문화를 올바르게 앎으로서 나와 다른 생각을 가진 것이 틀린 것이 아닌 서로가 서로를 이해하는 입장에서 더불어 살아가는 삶의 자세를 갖는데 있다고 봅니다.

초등학교에서 영어교육의 목적은 교사용 지도서나 교육과정 해설서에 잘 나와 있습니다. 국제화와 영어교육에 대한 단상, 국어교육의 중요성과 영어교육, 홉스테드의 문화차원에 따른 영어교육을 알아보겠습니다.

요즈음은 국제화라는 말을 잘 쓰지 않습니다. '세계화'라는 말이 상용화되어 있습니다. 아마도 교통, 통신수단의 발달 등으로 인해 국제보다는 포괄적 개념인 글로벌이 요즘 시대에 더 맞을지는 모르겠습니다만, 국제화라는 단어에서 인터Inter와 네이션Nation을 구분하여 이야기 하겠습니다.

국제의 의미는 간단히 말하여 '나라 사이'라는 말입니다. 나라와 나라

간의 그 어떤 것이 서로 왕래한다는 말과 같습니다. 그렇다면 영어교육과 이 말이 도대체 어떤 연관을 가지고 있을까요? 주목하고 있는 단어는 'Inter(제際)'입니다. Inter를 사전에서 찾아보면, '사이, 속', '상호'라는 뜻이 있습니다.

초등학교에서 영어교육을 하는 여러 가지 목적 중의 하나가 바로 우리 나라와 영어권 사이에 존재하는 그 무엇을 배우는데 있습니다. 물론 모든 국제회의에서 사용하는 말이 영어이고 보면, 실제적 필요에 의해서도 영어는 배우지 않으면 안 되겠지요. 하지만 제가 보기에 보다 중요한 것은 'X와 Y사이에 존재하는 그 무엇'을 알아야 한다는 것입니다. 저는 이 '사이'를 문화라고 생각합니다. 영어교육을 잘 하려면 먼저 우리나라가 가지고 있는 문화를 잘 알아야 하고 또, 영어권 국가의 문화를 잘 알아야 한다고 생각합니다.

우리는 아내를 소개할 때 우리끼리는 '우리 집 사람'이라고 소개하면서 영어권 사람들에게는 'My Wife' 곧 '나의 아내'라고 소개합니다. 여기에는 서로 다른 문화적 맥락을 가지고 있습니다. 이런 문화적 맥락이 바로 '사이'입니다.

사이가 벌어지면 사람과 사람 관계가 소원해집니다. 영어교육 또한 마찬가지입니다. 특히 초등학교 교육에서는 학생들에게 영어를 완벽하게 구사하는 능력을 기르는 곳이 아닙니다.

영어교육에는 영어교육을 통해 학생들이 지향해야 하는 '보다 가치롭고 바람직한 활동'이라는 논리적 의미가 들어있습니다. 만약 우리가 영어교육은 단어를 잘 외우고 어떤 장면에 회화를 능숙하게 구사할 수 있는 것으로만 생각한다면, 간단합니다. 매번 기계적으로 암송하고 되풀이하면 됩니다. 하지만 교육이라는 말에 들어 있는 의미처럼 영어교육이라는 말 속에는 '보다 가치롭고 바람직한 영어 활동'이라는 의미가 녹아있다고 보아야 합니다. 초등학교에서 이런 영어교육이 잘 되기 위해서는 바로 '사이'에 존재하는 문화적 맥락을 교사인 우리는 알고 가르쳐야 한다는 것입니다. 문화적 맥락을 안다는 것은 바로 그 사람들의 가치관, 사고방식을 안다는 것과 같습니다.

제2차 세계대전 때의 일입니다. 일본이 태평양 전쟁을 일으켜 전세가 불리해지자, 사상 초유의 전법을 사용합니다. 이른바 '카미카제 특공대'가 바로 그것입니다. 비행기에 폭탄을 가득 싣고 미군 함대에 바로 돌진하는 전법입니다. 이른바 '신풍神風 : 카미카제 특공대'가 그것입니다.

서양인의 눈에는 아무리 이해하려고 하여도 이해할 수가 없었습니다. 하나 뿐인 생명을 헌신짝처럼 버리면서 함대로 돌진하는 행동을 이해할 수 있겠습니까? 이에 미국은 인류학자인 베네딕트 교수에게 일본 문화을 연구하는 프로젝트를 맡겼습니다.

이 베네딕트 교수는 일본을 와 본 적도 없는 학자였지만, 그때까지 나온 각종 일본연구서를 바탕으로 '국화와 칼'이라는 유명한 책을 출간하였습니다. 오늘날에도 일본 연구의 입문서 중의 입문서로 자리잡고 있습니다. 즉, 일본인의 정신적 메카니즘을 예리하게 분석하였다는 말과 같습니다.

학생들을 가르치는 입장에 있는 우리로서는 영어교육에 앞서 이러한 정신적인 메카니즘 즉, 문화를 알아야 합니다. 영어를 배우고자 하는 사람이나 "영어를 가르치고자 하는 사람에게 이렇게 말하고 싶어집니다. 영미학 계통의 책을 읽어라" 이것이 안 된다면 최소한 미국이나 영국에 관한 만화책이라도 읽어보라"고 말입니다.

외국어를 공부하기 이전에 우리나라 말과 글을 잘 알아야 한다는 것이 저의 지론입니다. 내 머릿속의 무엇인가를 창의적으로 발현하기 위해서는 우리 말과 글, 국어가 너무도 중요합니다. 아무리 영어를 잘 하려고 하여도 우리나라에 살고 있는 이상, 평소 대화는 거의 전부 우리 말로 이루어집니다. 내가 가진 평소의 생각을 우리 말로 하는 이상, 우리 말에 대한 어휘력이나 바른 말씨 쓰기 등이 필요합니다.

"밥을 먹었습니까?"와 "밥을 잡수셨습니까?"는 분명 다른 맥락하에서 쓰입니다. 영어도 마찬가지입니다. "Do You Like~~?"와 "Would You Like~~?"는 분명 다릅니다.

우리가 미국이나 영국 등 영어권 나라에 태어나지 않은 이상 우리는 어렸을 때부터 우리 말로서 자신의 생각이나 느낌을 타인에게 전달할 수밖에 없습니다. 우리의 생각과 가치관, 이상 등이 담긴 우리 말 국어 교육을 소중히 하지 않을 수 없습니다.

위에서 Inter라는 단어에 주목한다고 하였습니다. 여기서는 이 Inter와 함께 Action을 덧붙입니다. 이른바 Interaction입니다. 상호작용이 그것입니다. 국어교육 강화를 통해 영어교육간의 상호작용을 기대합니다.

국어교육의 중요성에 대해『핀란드 자녀교육법』에는 다음과 같이 말하고 있습니다. '말의 습득 시기는 태어났을 때부터 12세까지가 절정이기 때문에 그 12년 동안에 국어 실력의 기초를 철저히 익혀 두지 않으면 어른이 되고서는 늦어지고 만다'

저는 이 말에 공감하지 않을 수 없었습니다. 그러나 이렇게 말하는 사람도 있을 수 있습니다. '어릴 때 언어를 습득해야 잘 된다. 그러므로 늦기 전에 외국어(영어)를 습득해야 한다'고요. 똑같은 발상을 가지 고 생각하는 방법이 이렇게 완전히 반대입니다.

우리가 한 언어를 안다는 것은 그 언어를 사용하는 사람들의 정신적인 메카니즘을 안다는 것과 같습니다. 저는 이것을 문화라고 하였습니다. 초등학교에서 영어교육을 왜 하느냐고 지금 이 순간에 따진다면, 강물에 흘러간 보따리를 찾는 격이 될 것입니다. 어차피 영어는 초등학교 교육과정에 엄연히 자리잡고 있습니다.

교육과정은 의도적이고 계획적인 일련의 활동입니다. 영어가 초등학교 교육과정에 정착된 이상 영어교육 또한 의도적이고 계획적인 활동으로 진행되어야 합니다. 초등학교 단계에서 하는 영어교육은 결국 영어 구사에 있어 필요한 기본적인 어휘, 그리고 그 사람들의 생각과 행동, 우리의 생각과 행동이 다르다는 것은 틀린 것이 아니라 다른 것이라는 이해교육 등등 이러한 바탕을 마련해 주는데 있다고 보아야 합니다. 초등학생에게 전문인을 바라는 것도 아니며, 능숙한 언어를 구사하는 단계까지 바라는 것도 아닙니다.

초등학교 학생들에게 영어에 대한 올바른 바탕을 마련해 주려고 한다면, 먼저 가르치는 우리가 영어권 문화·역사 등에 대해 잘 알고 있어야 한다는 것입니다. 저는 어린 시절 인도를 배우면서 왜 인도인은 경제적으로 어려우면서 소를 잡아먹지 않은지 항상 의문이 들었습니다. 힌두교 때문이라고는 하지만 여전히 의문은 지워지지 않았습니다. 어른이 되어서야 비로소 그 의미를 알게 되었습니다.

지금 영어를 배우는 초등학교 학생들에게 영어권 문화를 심도있게 가르치자는 의미는 아닙니다. 하지만 영어를 가르치는 교사인 우리는 언어는 단순히 의사를 전달하는 의사소통의 수단과 함께 그 언어를 사용하는 사람들의 정신적인 요소가 녹아 있다는 것을 알아야 합니다.

창의성 교육

『논어論語』「안연顏淵」편에서 한 제자가 공자에게 정치에 대해서 물어보는 장면이 있습니다. 공자는 이에 족병足兵, 족식足食, 민신지民信之 세 가지를 말하고 있습니다.

나라가 부강하고 안정되려면 군대가 있어야 하고, 국민들의 기본적인 의식주가 해결되어야 하며, 국민들이 그것을 믿고 따라야 한다는 것입니다. 이에 대해 공자 제자 중 한 명은 이 중에서 없애려고 한다면 가장 먼저 없애야 하는 것이 무엇입니까?라고 묻습니다. 공자는 군대를 먼저 해산하고, 의식주의 해결을 다음으로 없애야 하지만 국민간의 믿음만은 안 된다고 하였습니다.

논어에서 올바른 정치가 국방, 경제, 국민의 삶에 대한 고민이라면, 교육도 이와 유사하게 세 가지 항목을 들곤 합니다. 이른바 지덕체智德體입니다.

지덕체의 조화로운 발달이라는 말은 많이 들어보았을 것입니다. 사람이 세상에 태어나 교육을 받는다는 것은 바로 이 지덕체의 조화로운 발달을 통해 사람이 사람답게 살기 위한 것 —공자가 말하는 어진 사람 —이라고 할 수 있습니다.

어떤 일을 맞이하여 슬기롭게 대처하며, 덕이라는 품성을 바탕으로 인간 관계에 있어 원만한 관계를 유지하고, 건강한 삶을 유지하고 또,

여기에 하나 더 부가하자면 기^{技} 즉, 자신의 전문성 신장을 들 수 있을 것입니다. 교육에 있어 지덕체의 조화는 아마도 부정할 수 없으리라 여겨집니다.

공자는 나라의 부강조건을 세 가지로 말하고 또 제거할 수 있는 순위를 말하였지만, 교육에 있어서는 이 세 가지 모두가 필요합니다. 어느 것을 빼고 어느 것을 가볍게 여길 수 있는 요소가 아닙니다.

창의성 교육은 이 세 가지 요소 중에 포함되는 하나의 하위개념입니다. 지적인 능력도 중요하고, 덕적인 행위도 중요하고 건강한 체력 또한 중요합니다. 시대가 변하고 패러다임이 변함에 따라 그 교육적 방법은 변하기 마련입니다. 하지만 그 방법이 변한다고 하여 교육이 가지고 있는 의미는 변함없습니다.

교육이 가지고 있는 의미는 '가치로운 그 무엇은 변함이 없다'는 말과 같습니다. 교육이 '가치로운 그 무엇'을 지향한다면, 창의성 교육 또한 창의성을 통해 학생들로 하여금 가치로운 그 무엇을 창조하는데 일조를 해야 합니다.

원자력의 발전은 우리에게 원자력 발전소와 같은 우리 삶에 긍정적 요소를 주고 있지만, 원자폭탄의 경우는 인류에게 막대한 폐해를 심어 줍니다. 똑같은 원자력이지만 전자와 후자의 경우는 그 결과가 확연하게 다릅니다. 창의성 교육 또한 마찬가지입니다.

여기서 분명히 하고자 하는 것은 창의성과 창의력의 구분입니다. 창의성은 한 개인이 가진 내면적 특성, 즉 태어날 때부터 가지고 있는 창의에 대한 잠재력이라고 한다면, 창의력은 창의 능력으로 창의성을 바탕으로 가시적 결과가 도출될 수 있는 외부적 요소라는 점입니다.

창의성은 사람이면 누구나 가지고 있는 천성적인 성향입니다. 맹자는 '사람은 누구나 차마 하지 못하는 마음을 가지고 있다(人皆有不忍人之心인개유불인인지심)'는 성선설性善說을 주장하면서 성선의 4단四端인 인의예지仁義禮智를 들고 있습니다. 맹자는 4단을 확충하여 자신의 몸 속으로 내면화한 사람을 바로 대인, 혹은 군자라고 하였습니다.

이를 교육적으로 본다면, 사람은 누구나 공통적이고 가능한 무엇을 가지고 있다는 말과 같습니다. 교육을 하는 우리도 학생들에게 교육한다고 했을 때는 그 전제조건이 바로 개개인의 교육적 가능성입니다.

이를 창의성과 비추어본다면, 창의성은 개개인 누구나 가지고 있다고 할 수 있습니다. 단, 한 개인이 얼마나 그러한 소질을 많이 가지고 있느냐는 차이가 있을 수 있습니다. 마치 100m 경주를 하는데 있어 우리는 누구나 100m까지 갈 수 있습니다. 하지만 누가 먼저 도착하느냐 아니면 늦게 도착하느냐는 사람마다 가진 소질의 차이와 노력에 따라 다를 수 있습니다. 사람이면 누구나 100m에 도달할 수 있는 것처럼 창의성 또한 누구나 가지고 있다고 보아야합니다. 우리가 이러한 가능성을 논리 적으로 전제하지 않는다면, 창의성 교육은 이루어질 수 없습니다.

사람이 가지고 있는 여러 가지 창의적(내적) 요소를 100으로 보았을 때, 개인인 나는 창의성의 비율이 얼마인지는 모르지만, 그 일부분이라도 어느 정도는 선천적으로 가지고 있다고 보아야 교육이 가능해집니다.

그렇다면 창의성에는 어떤 것이 있는지 간단하게 알아봅니다. 학자마다 견해가 조금씩 다르지만, 이 자리에서 4가지 정도를 들고자 합니다.

첫째가 독창성입니다.

잘 알고 있듯이 독창성이란 종래 없는 것을 새롭게 창안하는 것을 말합니다. 이 독창성은 창의성 교육 전체에 녹아있다고 보아야 합니다. 단어적 의미로 해석한다면 앞에서 말한 바와 같이 종전에 없던 것을 새롭게 생각하는 것이 되겠습니다.

두 번째가 유창성입니다.

유창성은 한 주제에 대해 많이 생각해 내는 것을 말합니다. 예를 들어 떡을 말하라고 하였을 때 자신이 경험하고 있는 혹은 알고 있는 떡의 종류를 아는 데까지 생각해 보는 것을 말합니다. 떡이라고 한다면 찰떡, 시루떡, 호박떡, 인절미, 계피떡, 송기떡, 백설기, 쑥떡, 송편 등등 자신이 알고 있는 떡의 종류를 끊임없이 생각해 보는 것입니다. 이 단계는 저학년 단계에 적용하는 것이 좋습니다.

세번째가 유연성입니다.

이 유연성은 유창성과 다르게 같은 주제에 대해 다르게 생각해 보는 것을 말합니다. 예를 들어 떡이라고 한다면 교과서에 떡을 만드는 과정이 나와 있습니다. 하지만 자신은 꼭 떡을 만드는 것이 교과서대로 해야만 하는데 의문을 가지고 다른 방식으로 떡을 만드는 과정을 생각해 보는 것입니다. 그리고 쌀을 주원료로 한다면 쌀 대신 다른 재료를 가지고도 생각해 보는 등 이 단계는 유창성보다 조금 단계가 위라고 볼 수 있습니다.

마지막으로 정교성입니다.

이 단계는 보다 구체적이고 현실적인 방안을 제시하는 단계입니다. 떡에 대해 먼저 어떤 떡을 만들까 수많은 떡을 생각해 봅니다(유창성). 그리고 떡을 어떤 식으로 만들까 고민합니다(유연성). 그리고 떡을 만들 때 쌀가루는 몇 그램, 밀가루는 몇 그램, 불의 온도는 몇 도, 기다리는 시간은 얼마 등등(정교성). 이를 바탕으로 자신만의 독특한 떡이 완성되었습니다(독창성). 이처럼 창의성이란 사고의 폭과 깊이, 세련됨을 현실에 적용하고 응용하는 단계라고도 볼 수 있습니다.

　문제는 그 다음입니다. 구슬이 서말이라도 꿰여야 보배가 된다는 말처럼 한 사람의 내면 속에 아무리 많은 잠재력을 가지고 있다고 하더라도 그것을 보석처럼 갈고 닦고 쪼개고 윤을 내는 과정을 거치지 않는다면 이것은 쓰레기 속에 들어 있는 보석과 같습니다.

　우리는 세상을 살면서 "저 사람 어릴 때 참 똑똑하였는데, 지금은 어떻다"는 말을 종종 하고 듣기도 합니다. 이 말에 주어진 의미는 바로 위의 의미와 같습니다.

　위에서 본 바와 같이 창의성이 누구에게나 있는 것이라면, 이것을 그냥 가지고만 있을 수는 없습니다. 갈고 닦아야 합니다. 교육이 필요한 것도 바로 이 때문입니다.

　『논어』에 나오는 '성상근性相近 습상원習相遠'이란 말은 본래 인간이 가지고 있는 천성 즉, 본성은 서로 비슷하나 습관에 의해 서로 멀어졌다는 뜻입니다. 세 살 적 버릇이 여든간다는 말처럼 우리가 사는데 있어 습習은 정말 중요합니다. 왜냐하면 습의 결과가 바로 행동으로 나타나기 때문입니다. 창의성과 비추어 보면, 창의력은 창의성을 바탕으로 그 무엇을 발휘할 수 있는 능력이라고 볼 수 있습니다. 이 능력을 끌어올리기 위해서 바로 습이 필요한 것입니다.

　우리가 창의성을 기르자고 하였을 때 이것은 말로만 되는 것이 아닙니다. 창의성을 기르기 위해서는 자기 자신의 노력이 동반되어야 한다는 것은 당연합니다.

　이렇다고 본다면 창의성과 창의력은 모두 습과 관련있다고 보아야 합니다. 자신에게 잠재되어 있는 창의적인 소질이 얼마만큼인지 이것은 가시적인 노력에 의해 나타나는 것입니다. 감나무 꼭대기에 감이 달려 있는데 먹고 싶다고 하여 입을 벌리고 있을 수만은 없습니다. 작대기를 동원하여 따든 아니면 남을 시키든 그 어떤 노력이 동반되어야 감을 먹을 수 있습니다. 창의성을 기르기 위한 교육도 마찬가지입니다. 자신이 가지고 있는 그 무언가를 끊임없는 노력을 통해 확인해야 합니다. 물론 여기서 말하는 습은 교육적으로 올바른 습을 말합니다.

올바른 습관의 중요성에 대해 이율곡 선생은 『격몽요결』「혁구습장(革舊習章)」에서 다음과 같이 말하고 있습니다.

첫째, 게으름(타기심지惰其心地)에 대한 성찰입니다.

둘째, 심리적 안정(상사동작常思動作 불능수정不能守靜)에 대한 것입니다.

셋째, 획일성(희동오이喜同惡異)에 대한 것입니다.

넷째, 헛된 명예(호이문사취예어시好以文辭取譽於時)에 대한 것입니다. 그리고 주酒와 색色, 부富에 대한 욕망, 무리한 욕심 등을 들고 있습니다. 이러한 나쁜 습관을 버려야 비로소 학문에 정진할 수 있다고 합니다. 또, 서산대사도 '이치는 단박에 깨칠 수 있다 하더라도 버릇은 한꺼번에 가셔지지 않는다(理雖頓悟리수돈오 事非頓除사비돈제)'고 했습니다. 아리스토텔레스 또한 비슷한 말을 했습니다.

이처럼 우리의 삶에 있어 습은 중요합니다. 얼마나 좋은 습을 가지느냐 아니냐에 따라 삶의 결과가 달라진다고 할 수 있습니다.

창의력이 창 의성을 외면적으로 나타내는 그 결과라고 한다면, 창의력을 기르기 위 해 자신에게 주어진 창의성을 끊임없이 재발견하려는 노력이 필요합니다.

창의성 교육이란 결국 학생들 각 개인이 가지고 있는 사고력을 보다 더 확장하는데 있다고 할 수 있습니다. '아이가 줄었어요'라는 영화가 있었습니다. 그리고 나서 얼마 후에는 '아이가 커졌어요'라는 영화가 나왔습니다. 아이가 줄었다, 커졌다는 주제는 생각의 차이입니다.

그렇다면 창의성을 기르기 위한 기법에는 어떤 것이 있는지 간단하게 알아보도록 하겠습니다.

먼저 강제결합법입니다. 이는 겉으로 보기에 전혀 관계가 없어 보이는 두 가지 주제나 아이디어를 말 그대로 강제로 결합하거나 관계를 맺어보도록 하는 방법입니다. 예를 들어 에스키모인들이 사는 이글루와 열대지방 집을 강제로 결합하여 자신이 가진 사고의 폭을 넓혀 보는 것입니다.

다음으로 시간축기법입니다. 사고의 시간을 현재에서 과거, 미래로 옮겨서 문제를 생각해 보는데 사고의 시간이 옮겨짐으로써 사고의 공간도 함께 옮겨지며, 시간과 공간이 옮겨진 상황에서 다른 것들을 생각해 보는 기법입니다.

예를 들어 심청이가 인당수에 몸을 던져 아버지를 구했다면, 이를 미래의 시점에서 해결책을 생각해 보고, 과거의 시점에서 자신이 어떻게 해야 하는지 등에 대하여 시공을 초월하여 사고의 폭을 넓혀 보는 것입니다.

연꽃기법입니다. 이 기법은 연꽃 모양의 발상 카드를 채워가는 방법입니다. 예를 들어 미래의 자동차를 표현하고자 할때 각 꽃잎에 바퀴, 핸들, 색깔, 모양, 크기, 재료 등등을 자유롭게 상상하면서 자신만의 아이디어를 만들어 보면서 사고의 폭을 확장시킵니다.

이어 연상법을 들 수 있습니다. 이 기법은 기억력을 유발시키고 한 가지 생각이 다른 생각으로 번져가게 함으로써 아이디어 생산과정의 촉매 역할을 하는 기법이라고 할 수 있습니다. 이것은 텔레비전 방송에서도

많이 나왔습니다. 예를 들어 '리'자로 끝나는 말은? 혹은 끝말잇기 등등
이 그것입니다.

이 외에도 마이드맵 기법, 브레인스토밍, 브레인라이팅 기법, 시네틱
스(유추, 내가 만약 무엇 무엇이라면?(환상유추), 우산은 어디에 활용
할까?(직접유추), 빨래와 거품의 이야기(의인유추)), PMI기법(긍정, 부
정, 재미), 육색사고모자 기법(객관적인 사실(흰색), 본받을 점(노랑), 부
정적(검정), 감정 느낌(빨강), 새로운 해결책(초록), 결론(파랑), PPC(긍
정, 가능성, 염려스러운 부분) 기법, 시각적 사고 표현 기법(단순한 드로
잉, 아이디어 스케치, 만화, 도표, 연대표, 시가적 노트 작성 등), 그림 사
고기법(그림 보고 말할 내용 표현하기) 등이 있습니다.

열차로 보자면, 이제 종착역에 거의 다가섰습니다. 종착역에서는 모
든 승객이 내려야 하는 것처럼 저의 짧은 창의성 교육 강의도 마무리할
단계입니다.

여기서 우리가 분명하게 구별해야 하는 것은 창의성과 창의성 교육
의 의미입니다. 창의성이 가치중립적이라고 한다면, 창의성 교육은 가
치지향적입니다. 창의성이 우리 사회에 바람직하고 가치로운 의미를 지
니지 않을 때에는 의미가 없습니다.

글머리에 창의성과 창의력 그리고 이에 따른 논어의 내용을 간략하
게 훑어보았습니다. 그렇다면 우리 학생들이 창의성을 기르기 위해서
어떤 환경을 마련해 주어야 하는가가 문제로 제기될 수 있습니다. 이에
저는 학생 개개인의 내부적 요인과 외부적 요인으로 크게 구별하여 간
략하게 말씀드립니다.

첫째, 내부적 요인으로 학생들이 많이 알아야 한다는 것입니다. 창의
성 중에 독창성이 있습니다. 이 독창성이 발휘되기 위해서는 먼저 학생

들이 그 바탕이 되는 배경지식을 많이 가지고 있어야 합니다. 초 · 중학교에서 학생들에게 책을 많이 읽으라고 권하는 것도 바로 이러한 배경지식이 필요하기 때문입니다. 비단 책뿐만 아닙니다. 다양한 경험과 체험 등도 필요조건 중의 하나입니다.

둘째, 외부적 요인 중의 하나로 학생들이 기존의 생각과 다르게 생각했을 때 이것을 허용해 주는 분위기가 필요합니다. 홉스테드는 『세계의 문화와 조직』이라는 책에서 각 나라의 문화를 4가지 차원으로 나누고 있는데, 그 중 하나가 미래에 대한 불안을 어느 정도 느끼고 있느냐에 따라 획일주의로 가느냐 아니냐로 해석하고 있습니다. 우리나라는 상대적으로 미래에 대한 불안의 강도가 높은 편에 속하고 있습니다. 즉 획일주의적 성향이 강하다는 말과 같습니다.

이는 한마디로 '나와 다른 것은 못 참는 것'과 같은 말입니다. 또 다른 생각을 하는 사람도 불안하니 종전의 것을 답습할 수밖에 없습니다. 다소 엉뚱한 생각을 하는 학생이 있다면, 그것을 어느 정도 인정해 주는 허용적인 분위기가 형성되어야 창의성은 빛이 납니다.

마지막으로 윤리적 측면의 강조입니다. 이는 창의성 뿐만 아니라 우리의 삶에 있어서 가장 필요한 부분이라고 할 수 있습니다. 그 무엇이 아무리 창의적이라고 하더라도 그것이 비윤리적일 때에는 가치가 없습니다. 금고털이범이 기발한 발상으로 금고를 털었다고 하여 우리는 그것을 창의적이라고 부르지 않습니다.

'말을 물가까지는 끌고 갈 수 있어도, 물을 먹일 수는 없다'는 말과 마찬가지로 창의적 사고력을 넓히고, 창의적인 사람이 된다는 것은 결국 본인에게 달려 있다는 말과 같습니다.

선생이나 학부모가 멍석을 깔아줄 수는 있어도 멍석에서 노는 것은 학생들 스스로의 자발적 참여가 필요합니다. 창의성 교육이든 그 무엇의 교육이든 해결점은 학생 스스로가 가지고 있습니다.

어른인 우리는 단지 그들보다 먼저 경험하였고, 어떤 행위가 어떤 결과가 나오리라는 것을 짐작할 수 있기 때문에 그들이 잘 자랄 수 있도록 좋은 바탕을 마련해 주는데 있습니다.

논어, 그리고 영재교육

영재는 분명 보통 사람과 무엇이 달라도 다릅니다. 이 때문에 영재교육진흥법에도 영재는 '재능이 뛰어난 사람으로서 타고난 잠재력을 계발하기 위하여 특별한 교육을 필요로 하는 자'로 정의하고 있습니다.

우리가 흔히 학교에서 행하는 있는 교육을 보통교육이라고 한다면, 보통과는 뭔가 다른 그 무엇이 필요할 때 우리는 특별이라는 용어를 사용합니다.

학교에서 하고 있는 교육은 전인全人을 다루는 교육이라고 할 수 있습니다. 이 전인에 대한 교육은 지덕체智德體라는 용어의 형태로 자주 표현되고 있습니다. 하지만 영재교육은 보통 학교에서 행하는 교육과는 조금 다른 길을 걷는다고나 할까요?

영재교육진흥법에서도 명시하고 있는 것처럼 재능을 발아發芽시키기 위해 특별한 교육이 필요한 것입니다. 이른바 우리가 보통 말하고 있는 지덕체의 조화로운 발달을 바탕으로 재능 있는 어느 한 분야를 집중적으로 파고들어 그 재능이 배가倍加되도록 하는데 있다고 볼 수 있습니다. 그렇다고 영재교육을 받는 학생들이 도덕적인 면이 필요없다는 말은 아닙니다. 그 무엇보다 도덕성이 더 요구된다고 할 수 있습니다.

『맹자』「진심장盡心章」에 '군자에게는 세 가지 즐거움이 있지만, 천하의 왕 노릇하는 것은 거기에 들어 있지 않다(君子有三樂군자유삼락 而王天下

不與存焉^{이왕천하불여존언}'라는 말이 나옵니다.

이어 '부모님께서 모두 생존해 계시고, 형제들에게 아무런 변고가 없는 것이 첫번째 즐거움. 우러러 하늘에 한 점 부끄러움 없고, 고개를 숙여 사람들에게 부끄러움이 없는 것이 두번째 즐거움. 천하의 영재를 얻어서 그를 가르치는 것이 세번째 즐거움(父母俱存^{부모구존} 兄弟無故^{형제무고} 一樂也^{일락야} 仰不愧於天^{앙불괴어천} 俯不.於人^{부부작어인} 二樂也^{이락야} 得天下英才而教育之^{득천하영재이교육지} 三樂也^{삼락야})'이라고 하였습니다. 흔히들 이것을 인생삼락^{人生三樂}이라고 부릅니다.

맹자의 인생삼락을 개인에게 비추어 보면, 첫째의 즐거움은 시간과 관계있습니다. 우리가 세상을 살면서 부모형제와 영원히 함께 살 수는 없습니다. 시간이 흐르면 자연히 헤어짐을 가질 수밖에 없습니다. 일락^{一樂}의 즐거움을 누리려고 하면 '있을 때 잘 해'입니다.

두 번째의 즐거움은 개인의 도덕적인 면과 관계있습니다. 사실 우리가 살면서 하늘 한 점 부끄럼없이 살 수 있을지는 의문입니다. 그러나 이것이 사실적으로 어려울지는 모르지만, 이렇게 가기 위해 교육을 받는다고 할 수 있습니다. 도덕적인 삶의 추구가 바로 이락^{二樂}입니다.

세 번째 즐거움은 사람과 사람과의 관계입니다. 관계는 바로 무엇과 무엇이 유기체적으로 얽매어 있다는 것과 같습니다.

우리가 세상을 살면서 좋은 사람을 만나 교육시킨다는 것은 어떤 면에서 그 사람의 복입니다. 맹자가 본 인생삼락 중 일락과 이락은 개개인 누구나 가질 수 있는 즐거움입니다. 그러나 삼락^{三樂}의 경우는 다릅니다. 천하의 영재를 얻어 교육한다는 것은 교사가 아니고서는 맛볼 수 없는 즐거움입니다. 즉, 이 즐거움이라는 것은 결국 사람(교사)과 사람(학생) 사이에 일어나는 일로서 영재교육원에서 영재아를 가르친다는 것은 그 누구도 누릴 수 없는 서로간의 축복이라고 할 수 있습니다.

평등의 원래적 의미는 '모두가 똑같다'는 뜻입니다. 만약 우리 모두가 똑 같다면 교육에 대해 그리 걱정할 필요가 없습니다. 수준별 교육이니, 여러 줄 교육이니, 맞춤형 교육이라는 용어가 등장할 수 없습니다. 모두가 같으니 교육하는 방식 또한 모두 같을 수밖에 없습니다. 그러나 현실적으로 보았을 때 우리 모두는 똑같지 않습니다. 얼굴도 다르고, 성격도 다르고, 심지어 일란성 쌍둥이라도 차이가 납니다.

이런 점에 비추어 피터즈Peters는 사람은 '차이가 나는 것은 차이가 나게 대우'하는 것이 바로 평등에 대한 교육적 의미로 설명하고 있습니다. 이 차이는 각 개인이 가지고 있는 여러 가지 능력을 말하는 것으로 이른바 능력의 차이를 현실적으로 인정하지 않을 수 없다는 것을 내포하고 있습니다.

우리가 행하는 영재교육도 바로 이런 의미에서, 그들의 능력이나 소질에 맞게 대우해 주어야 하는 것입니다. 우리가 세상을 살다보면 차이가 나는 것은 어쩔 수 없습니다. 이 차이를 인정한다면, 그리스 신화에 나오는 '프로크러스테스의 침대'처럼 모든 사람을 획일적으로 만들 수는 없습니다. 획일화의 문제점에 대해서 우리는 잘 알고 있습니다.

『논어』「계씨季氏」편에 '나면서부터 아는 사람은 상급이요, 배워서 아는 사람은 그 다음이요, 곤경에 처하여 배우는 사람은 또 그 다음이며, 곤경에 처하여도 배우지 않으면 백성 중에서도 하급이 될 것이다(生而知之者생이지지자 上也상야 學而知之者학이지지자 次也차야 困而學之곤이학지 又其次也우기차야 困而不學곤이불학 民斯爲下也민사위하야)'라는 말이 나옵니다.

공자가 말한 삼지三知(세 가지 앎)입니다. 이 삼지 중 '생이지지'는 영어의 gifted education과도 맥이 통한다고 할 수 있습니다. 생이지지生而知之는 태어나면서 아는 것을 말한다면, 영어에서 말하는 'gifted education'은 일종의 신이 준 선물이라고도 볼 수 있습니다. .

영재교육은 영재를 가르치는 행위라고 한다면, 영재는 당연히 보통 사람과는 다른 특징을 가지고 태어난 것은 사실입니다. 보통의 재능을 가진 나로서는 영재를 보면 부러울 따름입니다. 하지만, 구슬이 서 말이라도 꿰매야 보석이 된다는 말처럼 영재도 부단한 노력이 필요하다고 봅니다.

공자의 삼지 중 생이지지生而知之를 선천적인 요인이라고 본다면, 이 선천적인 요인을 더욱 빛내기 위해서는 갈고 닦는 노력이 필요합니다. 즉, 논어의 학이지지學而知之가 중요하지 않을 수 없습니다.

공자는 사실 천재적인 자질을 가진 사람이라고 볼 수 있습니다. 하지만 공자 자신은 끊임없이 학이지지의 중요성을 논어 곳곳에서 말하고 있습니다. 저 역시 학이지지 없이는 영재도 없다는 입장입니다. 주위를 보면, 어릴 때 뛰어난 아이가 어른이 되어 자기 구실을 못하는 사람을 얼마든지 찾을 수 있습니다. 그런 사람은 머리는 선천적으로 뛰어났을지는 모르나, 자신의 노력이 부족하였기에 범재凡才로 전락하였다고 할 수 있습니다.

'구슬이 서 말이라도 꿰어야 보배'라는 말처럼 아무리 좋은 능력을 가지고 있어도 노력하지 않으면 보배가 될 수 없습니다. 우리가 교육을 하고, 교육을 받는 것은 결국 나 자신의 자아 실현과 함께 더불어 사는 삶을 살기 위해서입니다.

학생들이 교육 혹은 영재교육 과정을 통해 교육받은 결과 공동체 즉 남과 더불어 살아가면서 자신의 정체성을 가지고 자신의 삶을 살아가는 것. 이것이 바로 교육받은 결과가 아니겠습니까?

배운다는 것

'논어論語'

세상을 살면서 누구나 한 번쯤은 들어 본 적이 있는 책 이름입니다.

논어는 2,500여년 전 공자의 말과 제자들의 말을 기록한 책입니다. 이 논어가 지금도 많은 사람들의 입에 오르내리고 있다는 것은 그만큼 우리들에게 시사점을 주고 있다는 점을 말하고 있습니다.

20대 후반 논어를 처음 접했습니다. 하지만 아래의 첫 문장을 보고는 바로 읽기를 그만 두었습니다.

'배우고 때때로 익히면 이 또한 즐겁지 아니한가?', '멀리 있는 친구가 스스로 찾아오면 이 또한 즐겁지 아니한가?', '남이 나를 알아주지 않아도 성내지 않으면 이 또한 군자가 아니겠는가?(學而時習之학이시습지 不亦 說乎불역열호 有朋自遠方來유붕자원방래 不亦悅乎불역열호 人不知而不慍인부지이불온 不亦君子乎불역군자호)'

너무나도 지극히 당연한 말을 하고 있기에 왜 이 책을 보아야 하는 지 의미를 찾을 수 없었습니다. 지금 생각하면 일종의 부끄러움이 밀려오지만, 그 당시 저의 솔직한 심정이었습니다.

그러나 시간은 흘러 저의 귀가 조금 더 부드러워지면서 논어에 대한 생각도 바뀌게 되었습니다. 우리의 삶은 당연하다고 생각하는 것을 당연하게 생각하지 않기에 삶에 대한 책들이 끊임없이 인구人口에 회자된다는 생각을 하게 되었습니다.

　이런 시각이 논어를 다시 한 번 더 생각하게 만들었습니다. 보는 눈이 다르니 논어도 달리 보일 수밖에 없었습니다. 논어 내용 속에는 오늘날에 비추어 보아도 하등 이상할 것이 없는 교육의 의미가 곳곳에 배어 있고, 삶의 지혜가 곳곳에 녹아있었습니다.

　논어를 읽는 동안 공자의 고민도 함께 나눌 수 있는 기회도 생겼습니다. 2,500년 전의 책을 통해 논어 속에 등장하는 사람과 대화하기도 하고, 때론 그 인물 하나하나의 캐릭터를 나름대로 상상해 보기도 하였습니다.

　이런 저런 생각 속에서 나도 모르게 논어라는 매력에 빠져들기 시작하였습니다. 논어뿐만 아니라 이른바 고전은 모두 각자의 독특한 매력을 가지고 있습니다. 매력은 사람들을 끌어당기는 힘을 가지고 있습니다. 서점에 가 보면 논어에 관한 책들이 수십 종입니다. 여러 고전 중에서 논어의 가짓수가 제일 많습니다. 어린이용부터 성인용까지 수십 종에 이르고 있습니다.

　종류가 많다는 것은 그만큼 우리들을 끌어당기는 힘이 강하기 때문입니다. 자석으로 보면 자성이 강하다는 의미입니다. 무엇이 우리를 논어로 이끌어가는가? 여기에는 여러 가지 요인이 있겠지만, 인간 관계에 대한 방향성 제시가 아닌가 생각합니다. 신영복 교수는 『강의』라는 책에서 논어를 인간관계의 보고라고 하였습니다.

　논어에 많이 등장하는 단어인 '인仁'은 사람 사이의 관계를 의미합니다. 이 세상을 혼자 산다면 그 무엇을 한다고 하여도 지장이 없습니다. 그러나 사람은 대부분 사람과 사람의 관계 속에서 살아갑니다. 사람과 사람 사이에는 사람과 사람 사이를 연결시켜주는 일종의 마음가짐과 그에 따른 행동 양식이 필요합니다. 논어는 이 점을 말하고 있습니다.

'기소불욕물시어인己所不欲勿施於人' "내가 원하지 않는 것을 남에게 베풀지 말라"는 이 말은 우리 인류의 삶 전체를 관통하는 보편적 원리이기도 합니다. 이처럼 인류의 보편적 원리를 제공하는가 하면, 개개인의 특성에 맞는 맞춤형 원리를 제시하기도 합니다. 모가 난 부분을 학습자 스스로가 느끼고 보다 더 부드럽게 깎아 원만한 인간으로 나아가는 길을 제시하기도 합니다.

나의 처지나 입장을 미루어 남의 처지나 형편을 생각한다는 원리는 요즈음 우리가 말하는 소통과 배려의 정신 그것입니다. 소통과 배려 그리고 나눔은 먼저 남의 입장을 나도 겪는 것처럼 느낄 때 나오는 덕목입니다. 한겨울 내가 추우면 남도 춥다는 것을 금방 알 수 있습니다. 하지만 내가 따뜻한 아랫목에 있을 때에도 다른 이가 겪는 추위를 알 수 있어야 합니다.

순자는 권학문에서 '배움은 죽음에 이르러야 끝난다'고 하면서, 배우면 사람이 되고, 배우지 않으면 짐승이 된다고 하였습니다. 순자의 배움에 대한 열정입니다. 순자의 이러한 배움에 대한 열정은 공자 시대에 이미 배태되어 있었던 것입니다. 공자는 자기 자신보다 배우기를 좋아하는 사람을 본 적이 없다고 당당하게 말하고 있습니다. 배우기를 좋아하는 이 호학정신好學精神은 오늘날 우리의 교육 유전자 속에 면면히 이어오고 있습니다. 6.25 한국전쟁 때 부산 임시수도에 세운 피난학교를 생각해 보십시오.

배움은 사람이 사람답게 살기 위해 배우는 것입니다. 한 가지 일에 전문가가 되기 위한 배움도 중요하지만 세상을 폭 넓게 이해하고 바라보면서 행동하는 교양인 즉, 전인교육이 못지 않게 중요하다는 점도 역설하고 있습니다.

　배움에 대한 각종 재료가 넘쳐나는 오늘. 논어라는 배움 재료는 우리에게 어떤 의미를 던져주고 있는지 나름의 세계로 들어갑니다.

배우고 익히면 즐겁지 아니한가

　논어에 관심이 없는 분이라도 논어 첫 편에 나오는 '배우고 때때로 익히면 이 또한 즐겁지 아니한가?(學而時習之학이시습지 不亦說乎불역열호)'라는 말은 많이 들어보았을 것입니다.

　너무나도 당연한 말처럼 들리지만 가슴으로는 확 닿지 않는 말입니다. 배우고 그리고 배운 것을 때때로 익히면 즐겁다? 공자와 그 제자들에는 당연한 말처럼 들릴지 모르지만, 그리 당연한 말처럼 들리지 않는 경우도 있습니다. 특히 초중등학생들에게 공부가 즐겁냐고 물으면 십중팔구는 아니다고 대답할 것입니다.

　학교에서 이루어지는 수업의 일반적 형태는 학습목표(도입) – 활동(전개과정)–정리의 순으로 전개됩니다. 또한, 학생들의 수업 흥미도를 높이기 위해서 본 학습을 시작하기 전 각종 자료나 매체를 통해 학습에 대해 관심을 갖도록 동기유발 단계를 거치기도 합니다.

　동기유발이란 말 그대로 무엇을 하려고 하는 의욕을 일으키게 한다는 것인데 역설적으로 수업 활동에 '동기'라는 단어를 사용하는 것 자체가 대체적으로 학생들은 수업 즉, 배움에 대해 처음부터 관심이 낮다는 것을 의미하기도 합니다. 물론 자신이 좋아하는 과목에 대해서는 수업을 시작하기 전부터 관심을 갖습니다.

　학생들이 학습목표가 요구하는 성취기준에 도달하기 위해서 다양한 학습활동을 하는데 이 과정이 학생들의 노력입니다.

이때의 노력은 즐거움도 있으나, 일종의 괴로움이나 고통도 있을 수 있습니다. 마치 운동선수들이 몸무게를 맞추기 위해서 음식을 조절하고 땀을 흘리는 것과 마찬가지입니다. 이 괴로움이나 고통을 다른 말로 하면 노력입니다.

따라서 공부라는 말에는 즐거움, 고통 그리고 괴로움이 모두 들어 있다고 보아야 합니다. '배움'과 '익힘'이 즐겁기 위해서는 배움과 익힘의 과정 속에 들어 있는 괴로움과 같은 요소를 이겨내야만 합니다.

그렇다면 공부는 과연 어떻게 해야 할까요?

『중용中庸』에서 정자程子는 다음과 같이 말합니다. 먼저 널리 배우고(박학博學), 의문이 나면 자세히 묻고(심문審問), 신중히 생각하고(신사愼思), 명확하게 판단하고(명변明辨), 그리고 배움의 마지막 단계이며 삶에 있어서 가장 중요한 실천(독행篤行)의 다섯 단계를 제시하고 있습니다.

박학, 심문, 신사, 명변이 배움의 내면적인 단계라면, 독행은 외면적인 것입니다. 즉, 자신이나 다른 사람이 볼 수 있는 것으로, 우리들은 이 실천의 모습을 보고 사람들을 판단합니다.

제가 보기에 배우면 즐겁다는 것은 소소한 성취 속에서 나아가는 것입니다. 조금은 괴롭더라도 노력하면 학생 스스로가 해결할 수 있는 학습활동 속에서 학생은 배움에 대한 즐거움으로 한 걸음 나아가는 것입니다.

근본

논어에 "근본이 바로 서야 도가 생긴다(本立而道生본립이도생)"는 말과 함께 "군자는 근본에 힘써야 한다(君子務本군자무본)"는 말이 있습니다.

여기서 말하는 근본이란 인仁의의 근본이 되는 부모에 대한 효와 형이나 연장자에 대한 공경심입니다. 인을 사람을 사람답게 하는 것으로 본다면, 효와 제는 사람을 사람답게 하는 근본이 된다는 말입니다.

세상의 모든 것이 그러하듯 교육도 근본이 바로 서야 교육다운 교육이 펼쳐집니다. 위 논어의 인용구를 교육에 대입해 보면, "교육의 근본이 바로 서면 교육의 도가 생긴다"입니다. 교육에서 근본을 기초와 기본으로 본다면, "교육에서 기초와 기본을 충실히 하면 교육의 길 즉, 교육이 발전한다"입니다.

특히 초등학교에서는 이 기초와 기본을 아무리 강조하여도 지나침이 없습니다. 기초란 한마디로 건물의 뼈대입니다. 뼈대가 튼튼하면 건물은 튼튼할 것이고, 만약 그렇지 못한다면 조그마한 외부의 충격에도 견디지 못할 것입니다.

기초를 튼튼히 하여 건물을 지었다면 건물이 건물로서의 기능을 할 수 있도록 건물에 필요한 요소들을 갖추어야 합니다. 교실을 예로 들어 봅니다. 기초를 튼튼하게 하여 교실을 지었습니다. 그러나 교실만 있고 학생들이 공부할 수 있는 책걸상, 칠판 등이 없다면 교실로서의 구실을 할 수 없게 됩니다. 다시 말해 교실을 교실로서의 구실을 할 수 있게 만드는 요소들이 기본입니다.

초등학교 1학년의 경우를 봅시다. 초등학교 1학년은 이른바 공부하는 학년이 아닙니다. 초등학교 6년 과정에서 필요한 가장 기초적인 학습 태도를 익히는 단계입니다. 예를 들면, 자세 바르게 하기, 연필 바르게 쥐기, 화장실 사용법, 인사 바르게 하기 등등 어른인 우리가 보았을 때 너무나도 사소한 것들이 바로 1학년에서는 기초가 됩니다.

이 기초와 함께 1학년이면 1학년으로서 알아야 하는 교육적 내용은 기본이 됩니다. 선긋기, 기본적인 수의 개념 알기, 바르게 읽고 쓰기, 한글 해독 등등이 초등학교 1학년이 알아야 할 기본 내용이 됩니다. 1학년에서의 기초와 기본은 2학년 단계에서 기초가 됩니다. 2학년은 1학년 내용을 발판 삼아 배워야 하는 내용들이 전개되기 때문에 1학년에서 배우고 익힌 모든 내용들은 2학년 교육과정을 위한 기초가 됩니다.

이처럼 학교교육에서는 기초와 기본이 톱니바퀴처럼 맞물려 돌아간다고 할 수 있습니다. 덧셈, 뺄셈을 할 수 없는 학생은 곱셈, 나눗셈도 할 수 없습니다. 즉 덧셈, 뺄셈이라는 기초가 되어 있지 않으니 곱셈, 나눗셈이라는 기본을 풀 수 없는 것입니다.

'군자는 근본에 힘써야 하며, 근본이 서면 도가 살아난다'는 말은 교사는 교육이 지향하는 본질에 힘써야 하며, 교육 과정상에 나타나는 기초와 기본에 충실을 기하면 교육은 나름대로의 역할을 하고 있다고 볼 수 있습니다.

빛 좋은 개살구

공자는 "말을 번지르르하게 잘 하며 표정을 교묘하게 꾸미는 사람치고 어진 사람이 드물다(巧言令色교연영색 鮮矣仁선의인)"고 하였습니다.

교언영색이라 함은 '빛 좋은 개살구'를 이르는 말입니다. 보기에는 탐스럽고 빛깔이 좋아서 먹음직스럽지만 막상 먹으면 맛이 없는 것처럼 겉으로 보면 그럴 듯하게 보이지만, 실제 그렇지 못한 것을 말합니다.

우리말에서 접두어인 '개'는 개살구, 개옻, 개벗나무, 개나리처럼 같은 것 같지만, 그렇지 못한 것을 비유할 때 쓰는 품사입니다. 주로 식물이름의 접두어에 많이 쓰이고 있습니다. '개'와 대비되는 말이 '참'입니다. 참은 진짜라는 말입니다.

우리의 삶에도 '개살구'와 같은 경우는 없는가? 외모지상주의를 개살구와 비교했을 때 무리가 있을까? 얼짱, 몸짱은? 대부분의 사람은 누구나 아름답기를 원하고, 몸매도 날씬해지기를 원합니다. 그러나 문제는 이 얼짱, 몸짱이 겉만 화려한 개살구처럼 되면 안 된다는 것입니다. 우리에게는 마음이 있습니다.

삶에 있어서 마음은 얼짱이나 몸짱보다 우선되는 말입니다. 여기서 마음이란 사람의 바탕을 말합니다. 마음의 고운 바탕이 따라오지 않는 얼짱이나 몸짱은 이른바 부작용이 필수적으로 동반됩니다. 마음의 바탕이 고운 사람, 이를 필자는 '심짱'이라 부르고 있습니다.

외모지상주의가 가지는 가장 큰 맹점은 얼굴이 예쁘면 마음도 괜찮다는 것을 은연중에 비치고 있다는 점입니다.

이 점에 대해 순자는 「비상非相」이라는 글에서 '외모를 말하는 것은 마음을 말하는 것보다 못하고, 마음을 말하는 것은 행동규범을 잘 가려서 실천하는 것보다 못하다(相形不如論心상형불여논심 論心不如擇術논심불여택술)'고 하면서 일을 하는데 외모는 관계가 관계없다는 점을 역설하고 있습니다. 어쩌면 교육은 개살구에서 개를 걷어 살구로 가는 과정이라고 볼 수 있습니다.

되새김

소는 먹이를 먹는다고 하여 바로 소화 과정을 거치지 않습니다. 일단 먹으면 첫 번째 위에 저장하였다가 다시 되새김하여 두 번째, 세 번 째의 위로 보내는 소화과정을 거칩니다. 이를 반추동물反芻動物이라고 합니다.

반추反芻란 자신이 먹은 꼴(풀)을 다시 돌린다는 것으로 이를 우리는 되새김이라 합니다. 먹은 먹이를 바로 소화기관으로 보내지 않고 다시 위로 보내어 한 번 더 되새김하면 소화력을 극대화할 수 있습니다.

이 반추가 사람살이에 쓰이면 지나간 일을 되풀이하여 기억하고 음미한다는 의미가 됩니다. 소나 염소는 단지 자신이 먹은 먹이를 본능적으로 되새김하지만, 우리 인간은 분명 동물과 다르기에 자신이 한 행동이나 행위에 대해서 의도적으로 테이프를 되감기하는 것처럼 곱씹어 보는 능력(되새김)을 가지고 있습니다. 우리가 이미 지나간 일을 가지고 곱씹어 보는 이유는 앞으로 그런 유사한 일이 일어날 경우 보다 합리적으로 대처하기 위해서입니다. 이를 반성反省이라고 합니다.

논어에 등장하는 인물 중에는 자신이 한 행위에 대해 철저하게 반성하면서 살아온 사람이 있습니다. 『효경孝經』의 저자로 알려진 증자曾子입니다. 일일삼성一日三省. '하루 세 가지를 반성한다'는 의미로 증자가 논어에서 한 말입니다.

증자의 하루 세 가지 반성은 대인관계에 있어 진실성, 친구 사귐에 있어 믿음, 배웠던 것에 대한 익힘의 여부입니다. 증자는 부모님에게 물려받은 신체를 이른바 온전하게 보존하기 위해 평생을 살얼음 밟듯이 살아온 사람입니다. 이런 성격에 미루어 보면 자신이 한 행위에 대해 매일 끊임없이 반성하였음에 틀림없습니다.

사람은 완전한 존재가 아니기에 때론 실수를 하기도 합니다. 그러기에 우리 인간은 불완전한 존재입니다. 불완전하기에 다시는 똑같은 실수를 저지르지 않기 위해 노력합니다. 이것이 바로 반성입니다. 사람은 반성을 통해 자신이 가진 성격상의 각진 부분을 부드럽게 깎을 수 있습니다.

반성은 반성으로 그치면 안 됩니다. 반성 이후의 태도가 중요합니다. 이것이 공자가 말한 과즉물탄개過則勿憚改입니다. 어떤 행동에 잘못이 있으면 고치기를 꺼려 하지 말라는 말입니다. 개인의 적극적인 의지를 말하고 있습니다. 잘못을 고치는데 머뭇거리는 사람이 있다면 이것은 변명으로 이어지며, 이것이 바로 합리화입니다.

잘못된 행위에 대해 반성을 하였다면, 다시는 되풀이 하지 않는 것. 이것이 중요합니다. 공자는 제자 안회에 대해 '불천노不遷怒 불이과不貳過 (자신의 분노를 남에게 풀지 않고, 같은 실수를 두 번 저지르지 않는다)' 라는 말을 합니다. 안회의 이런 삶은 배움을 통해 만들어졌습니다. 이런 점에서 배움은 곧 실천입니다.

실천

인성은 말 그대로 사람의 성품이며, 성품은 사람의 됨됨이를 말합니다. 사람을 '된 사람', '든 사람', '난 사람'으로 구분하여 보면 '된 사람'은 자신의 내면에 도덕적 품성을 갖추고 이를 실천하는 사람입니다. 든 사람은 지적으로 많이 알고 있는 사람입니다. 반면 난 사람은 이른바 널리 알려진 사람으로 볼 수 있습니다. 된 사람, 든 사람, 난 사람에서 어떤 유형의 사람이든 '된 사람'의 '된'은 '든'과 '난'의 바탕이 된다는 것입니다. 아무리 많이 알고, 널리 알려진 사람이라도 '된 사람'이 되지 않으면 결국에는 사회에 지탄을 받을 가능성이 많습니다. 우리는 이런 사람들을 생활 속에서 많이 보아왔습니다.

화려하게 무대에 등장하였지만, 결국에는 쇠고랑을 차는 것도 많이 보았고, 많이 알고 있어도 권력이나 힘 있는 자의 입맛에 맞는 논리를 펴는 허약한 지식인도 많이 보아왔습니다.

'된'은 '든'과 '난'의 기반이 됩니다. 된 없는 든과 난은 사상누각이 될 가능성이 큽니다. 『백유경百喻經』에 이와 유사한 예가 있습니다.

인도의 한 부자가 이웃집이 3층으로 집을 짓자, 자신도 3층으로 집을 짓고자 하였습니다. 일감을 맡기고 공사장에 가 보니 3층은 보이지 않고 1층부터 집을 짓고 있어 목수에 따져 묻습니다. 왜 3층은 짓지 않고 1층을 짓느냐고.

1층이라는 튼튼한 버팀이 있어야 2층, 3층이 튼튼할 수 있듯이, '된 사람'은 모든 삶의 기준임을 알 수 있습니다. 결국 된 사람이란 도덕적인 의식을 가지고 실천하는 사람으로 볼 수 있습니다. 여기서 말하는 도덕적 의식이란 사람이면 누구나 인정할 수 있는 판단이나 행동을 말하는 것으로, 이것이 밖으로 나온 것이 곧 도덕적 행위입니다. 실천의 중요성에 대해 공자는 논어에서 다음과 같이 말하고 있습니다.

行有餘力행유여력 則以學文즉이학문 "실천하고 남는 힘이 있으면 배우라"는 뜻입니다.

믿음

신뢰 즉, 믿음은 사람과 사람을 연결시켜 주는 끈이라 고 볼 수 있습니다. 만약 사람을 믿지 못하면 그 사람이 하는 말을 항상 의심할 것이며, 나중에는 만나는 것조차 피할 것입니다.

이를 공자는 수레와 말을 이어주는 멍에로 비유하여 믿음의 중요성을 말하고 있습니다. 수레와 말이 있다고 하여 수레를 움직일 수는 없습

니다. 수레가 제 역할을 하기 위해서는 수레와 소를 연결시켜 주는 멍에
가 필요합니다.

사람살이도 마찬가지입니다. 심심찮게 약속을 어기는 사람은 그 누
구도 신뢰하지 않습니다. 이솝 우화 양치기 소년에서 보듯이 사람과 사
람 사이를 연결시켜 주는 믿음의 끈은 중요합니다. 양치기와 마을 사람
들을 연결시켜 주는 믿음의 끈이 거짓말을 통해 끊어져 버렸기 때문에
늑대가 정말 나타나도 사람들은 나타나지 않았던 것입니다.

子曰자왈 人而無信인이무신 不知其可也부지기가야 大車無輗대차무예 小車無軏
소차무월 其何以行之哉기하이행지재

공자께서 말씀하셨습니다.

"사람이 믿음이 없으면, 그 가능함을 알 수 없다. 큰 수레에 수레를 끄
는 채가 없다면, 또 작은 수레에 수레를 끄는 채(멍에)가 없다면, 수레가
어떻게 가는지 나는 모르겠다"

사람과 사람 사이에 믿음이 없으면 자연스럽게 나타나는 것이 불안
입니다. 낯선 거리에서 이름 모를 사람과 길거리에서 단 둘이 마주쳤을
때를 생각해 보십시오. 순간적으로 불안감을 느끼지 않을 수밖에 없습
니다. 왜냐하면, 나와 상대방 모두 서로를 모르기에 불안한 생각이 들
기 마련입니다.

사람들이 가지고 있는 이 불안감을 해소하기 위해 우리는 법과 규칙
을 정하고 있지만, 교육에서는 명시적인 법과 규칙보다는 도덕적인 규
범으로 이 불안감을 해소하고자 합니다. 이 점에서 본다면 교육은 사후
보다는 사전에 방점을 찍는다고 봐야 합니다.

진정한 배려

임방이라는 사람이 어느 날 공자에게 예禮에 대해 묻습니다. "선생님, 예의 근본적 의미는 무엇입니까?" 이에 대해 공자는 임방의 질문을 크게 칭찬하면서 겉으로 잘 꾸미기보다는 검소한 것이 바로 예라고 일러 줍니다. 아마도 어떤 집안의 장례식을 보면서 절차나 형식에만 신경을 쓸 뿐, 고인에 대해 슬퍼하는 기색이 없었다고 본 나머지 이렇게 질문한 것 같습니다.

공자는 논어에서 끊임없이 인과 예를 말하고 있습니다. 인이 사람들의 마음속에 가진 내용물이라면, 예는 이 내용물을 시간과 장소에 맞게 적의하게, 적절하게 표현하는 것으로 외부적인 것입니다. 마음에서 우러나온다는 말은 결국 인을 바탕으로 하여 예가 밖으로 나왔다는 말과 같습니다.

예를 들어 남에 대한 배려를 행한다고 하면, 상대방의 입장을 생각하여 마음속에서 진정으로 우러나오는 행동이 바로 진정한 배려입니다.

『삼국유사』「효선편」에 '빈녀양모貧女養母(가난한 딸이 어머니를 봉양하다)'의 일화를 보면 마음으로 우러나오는 것이 어떤 것인지 잘 알 수 있습니다.

효종랑(화랑)이 남산 포석정에서 놀 때, 문객門客들이 매우 빨리 뛰어

왔는데, 두 사람의 객이 늦었습니다. 효종랑이 그 까닭을 묻자,

"분황사 동쪽 마을에 나이가 스무 살 가량의 여자가 눈먼 어머니를 안고 울고 있었습니다. 그래서 같은 마을 사람에게 물으니, '이 여자의 집이 가난하여, 끼니를 구걸하여 부모의 은혜를 갚은 지 몇 년이다. 때마침 흉년이라, 문에 기대어 빌릴 수단이 어려워져, 남의 집에 품팔이를 하여 곡식 30석을 얻어, 부잣집에 맡기어 두고 일을 하였다. 해질 무렵 쌀을 싸서 집에 와서 밥을 지어드리고 함께 자고, 새벽이 되면 부잣집에 일을 하러 돌아갔는데, 이와 같은 것이 며칠이 되었다. 이에 그 어머니가 옛날에 거친 식사에도 마음이 편안했는데, 요즘에는 향기로운 맵쌀밥을 먹어도 가슴을 찌르는 것 같아 마음이 편안치 않으니 어찌된 일인가? 하니, 딸이 어쩔 수 없이 자초지종을 말해 주었다. 이에 어머니가 통곡을 했고, 어머니의 이런 모습을 본 딸은 자신이 단지 입과 배만을 봉양하면서, 얼굴색 관리를 못한 것을 한탄하면서 서로 안고 우는 것이다.'라고 하였습니다. 이것을 보느라 늦었습니다."라고 하였다.(국사편찬위원회에서)

효에 대한 일화지만 사람살이에 있어 마음에서 우러나온 행동은 상대방의 마음을 울리게 되어 있습니다.

3부
배움 Ⅱ

만남과 헤어짐

　　우리는 세상을 살면서 많은 사람을 만나고 헤어집니다. 일상적으로 출근하는 삶을 보더라도 직원들과의 만남은 헤어짐의 연속이며, 만남과 헤어짐은 우리 일상사에서 끊임없이 되풀이 되는 과정이기에 대개의 경우는 그 의미를 부여하지 않습니다.

　　하지만 곰곰이 생각해 보면 사람인 이상 우리는 이 만남과 헤어짐에 의미를 부여하면서 살기도 합니다. 예를 들어 사랑하는 사람과의 만남과 헤어짐은 일상적 삶에 있어서의 만남과 헤어짐과는 그 의미가 다릅니다.

　　일상적 삶의 패턴 속에서 일어나는 일은 외부적인 조건에 의한 것으로 어쩌면 다람쥐 쳇바퀴 돌리는 것과 같은 느낌을 지울 수 없습니다. 여기에는 누구를 만난다는 두근거림도 없으며, 헤어짐의 아쉬움도 없습니다. 그러나 이것도 시간이 경과함에 따라 이른바 정이 개입됨으로 개인의 친소 관계에 따라 아쉬움과 그리움이 잔존합니다.

　　이에 비해 사랑하는 사람과의 만남과 헤어짐은 어떻습니까! 이 경우에는 처음부터 두근거림과 아쉬움이 분명 들어있습니다. 왜냐하면 내 인생의 한부분에 영향을 주고 있기 때문입니다. 그것이 좋은 것이든 나쁜 것이든 관계없이 말입니다.

　　위에서 저는 사랑이라는 단어를 가지고 예를 들었습니다. 이것 말고도 우리의 삶 속에는 의미를 부여하는 만남이 얼마든지 있습니다. 교직 생활을 하면서 만난 선배와 후배의 경우를 보겠습니다.

처음에는 선후배로 만났지만, 그 무언가의 공통점에 의해, 여기서 공통점이란 가치관의 공유도 될 것이며, 그냥 무엇인가 통하는 것이 있어서 만남의 횟수가 늘어나다 보면, 서로가 서로의 인생에 대해 영향을 주기 시작합니다. 그것이 좋은 영향이든 나쁜 영향이든 말입니다.

영향을 준다는 것은 이른바 상대방에게 심적인 울림향響을 주는 것으로 이 울림은 우리가 살아가는 데 있어 중요한 의미를 가집니다.

오천석 선생이 말한 "입으로 가르치니 따르지 않고 가슴으로 가르치니 따르네"라는 말과 같이 이 심적인 울림은 울림을 받은 사람 개개인의 행동에 영향을 줍니다. 때로는 한 사람의 인생을 바꾸어 놓기도 합니다. 이른바 인생에 있어 터닝포인트가 되는 것입니다.

문제는 터닝포인트가 되고 난 뒤입니다. 저에게.

문장 부호 속의 세계

우리는 세상을 살면서 수많은 약속을 하고 또 이를 지키면서 살아갑니다. 약속은 개인적인 것과 공적인 것이 있는데 개인적인 약속은 그 영향이 개인에게 머물지만, 약속이 공적인 것이라면, 이것은 개인적인 약속 보다 훨씬 더 중대한 의미를 가집니다.

사회가 물 흐르듯이 가기 위해서는 약속은 중요합니다. 운행 중인 자동차가 녹색 불에 건너고 빨간 불에 멈추는 것은 하나의 공적인 약속입니다. 이 약속을 우리는 교육을 통해, 경험을 통해 알고, 또 이를 실천하고 있기에 교통의 흐름은 자연스럽게 됩니다. 만약 이 공적인 약속을 어기는 순간 교통질서는 엉망이 되고 맙니다.

문장부호 또한 우리가 정한 약속입니다. ?(물음표), ' '(작은 따옴표), !(느낌표), " "(큰 따옴표), ·(온점)은 모두 저마다의 의미를 가지고 있습니다.

먼저 물음표(?)의 세계입니다. 공부의 시작은 제일 먼저 왜 그럴까라는 물음에서 출발합니다. '왜'라는 이 물음은 학습자에게 궁금증을 자아내게 하며, 이것을 해결하기 위해 우리는 다음 단계를 작동시킵니다.

생각해 보는 과정입니다. 이른바 작은 따옴표(' ')의 세계입니다. '왜'라는 이 궁금증을 해결하기 위해 학습자는 나름대로 최선의 생각과 고민, 그리고 방법을 찾으면서 해결책을 모색합니다.

다음은 느낌표(!)의 세계입니다. 느낀다는 것은 이른바 무릎을 탁 치는 '아하의 세계'입니다. '아하'는 자신이 모르는 것을 알았을 때 나오는 자연스러운 소리입니다. 배움學학은 바로 '아하'를 느끼는 세계입니다.

느낌의 세계 다음에 오는 것은 바로 실천의 세계입니다. 즉 큰 따옴표(" ")의 세계이다. 큰 따옴표는 말이나 대화체에 사용하는 것이지만, 여기에는 말과 함께 실천이 들어있다고 보아야 합니다.

마지막 단계는 결과 및 평가의 단계로 이른바 온점(.)의 세계입니다. 옛날 옛날에 누군가가 살았는데 중반에는 모진 고생을 하다가 나중에는 그것을 뛰어 넘어 아들 딸 낳고 잘 살았다는 동화책 속에서의 온점은 하나의 마침을 표시합니다. 이 마침에는 그냥 기술하는 것도 있지만 행복하게 또는 비참하게 등등과 같은 평가의 의미도 들어 있습니다.

삶에 있어서 무엇이 해피엔딩이고 아닌지, 그것은 삶의 마지막이 될 온점의 세계가 될 것입니다.

공부하다 죽어라

　사람의 삶에 있어서 배움은 떠날 수 없습니다. 어쩌면 우리의 삶은 배움의 연속이라고 할 수 있습니다. 이른바 배움, 공부는 어른이 되어도 손을 놓을 수 없습니다. 학교는 가르치고 배우는 마당입니다. 하지만 이 마당을 떠나더라도 배움은 계속됩니다. 평생교육이라는 말처럼 배움은 평생에 걸쳐 해야만 하는 것입니다.

　이를 유학적인 입장에서 본다면 우리가 끊임없이 배워야 하는 것은 군자가 되기 위해서입니다. 오늘날에 비추어 본다면, 군자란 배움 즉, 공부한 결과 도덕적으로 인격이 완성이 되어 자신에게는 말할 것도 없고 이 사회에 좋은 영향을 주는 사람을 말한다고 할 수 있습니다. 이런 면에서 본다면 배움이란 '아는 것'과 '실천하는 것'이 동시에 이루어져야 한다는 것을 알 수 있습니다.

　이 율곡 선생은 『격몽요결擊蒙要訣』 서문에서 배우지 않는 사람은 마음이 막혀 식견이 어둡게 된다고 하였습니다. 이처럼 우리는 막혔던 마음을 시원하게 뚫고 어둡게 된 식견을 밝게 하기 위하여 배워야 하는 것입니다.

　우리는 왜 평생 배워야 하는가라는 문제에 대해 필자는 『논어』에서 그 실마리를 찾고자 합니다.

　『논어論語』「위정爲政」편에서 공자는 자신의 삶에 대한 전반적인 과정을 이야기하고 있습니다. 열다섯 살에 배움에 대한 뜻을 두고, 배움에 매진한 결과 나이 70세가 되어서 "칠십종심소욕불유구七十從心所欲不踰矩"라는 유명한 말을 하게 됩니다.

"칠십이 되어 마음 가는대로 하여도 주어진 법도나 규칙에 어긋나지 않게 되었다"는 말입니다. 공자와 같이 배우기를 좋아하고, 또 이를 실천하기에 부족함이 없는 성현도 열다섯에 세운 '배움에 대한 뜻'을 나이 칠십이 되어서 이뤘다는 점입니다. 즉, 공자는 평생에 걸쳐 공부를 했다고 봐야 합니다.

지금으로 보자면 공자는 중학생 시절에 공부에 대한 목표를 세우고 이 목표를 완성하기 위해 끊임없이 노력하였습니다. 이런 공자의 삶에서 보더라도 배움이란 평생을 함께 하는 일종의 반려자와 같다고 할 수 있습니다.

해인사 모 암자 팻말에 있는 '공부하다 죽어라'는 말처럼 배운다는 것은 평생을 해도 부족한 것이라는 생각이 듭니다만, 이는 필자의 경험에서 얻은 아둔함 때문인지도 모릅니다.

습

　교육을 하는 우리로서는 이 습과 연결되는 단어를 많이 사용하고 있
습니다. 그 대표적인 용어가 바로 학습입니다. 즉 배우고 익힌다는 의미
가 바로 그것입니다. 이 외에도 '습관' '습성' 등의 단어가 들어가는 말을
살펴보면 한번으로 끝나는 것이 없습니다. 모두 반복을 한다든지 아니
면 꾸준하게 행해야 되는 의미가 들어있습니다.

　『논어』의 첫 장 〈학이學而〉편에 나오는 '학이시습지學而時習之 불역열호不
亦說乎'(배우고 또한 때때로 익히면 이 또한 즐겁지 아니한가?)라는 말을
누구나 한 번쯤 들어보았을 것입니다.

　배우고 익히면 즐겁다? 과연 그럴까? 라고 반문해 봅니다. 대체적으
로 보면 배우고 익힌다고 하여 즐겁다고는 별로 느끼지 않습니다.

　하기 싫은 것 억지로 하면서 배워본들 짜증만 늘어나기 때문입니다.
그렇다면 왜 공자는 배우고 익히면 즐겁다고 하였을까? 하는 의문이 듭
니다. 언뜻 보기에 이해가 잘 안 되리라 여겨지지만, 배우고 익혀서 세상
을 보는 새로운 안목을 넓힌다면 내심 얼마나 기쁘고 재미있을까요.

　『논어』「학이學而」편에 나오는 '습'은 바로 무엇을 하든 한번으로 이루
어지는 것이 아니고, 여러번 반복해야 된다는 의미가 들어 있습니다.

　초등학교에서 중요한 것은 바로 이 습이다. 당연히 습도 올바른 습이
되어야 할 것입니다.

이 '습習'의 본래적 의미는 무엇인지? 습을 파자破字해서 보면, 날개 羽우+흰 白백으로 구성되어 있습니다. 즉, 어린 새 새끼가 알에서 부화하여 둥지를 떠날 때까지 수많은 날개 짓을 반복하는 그런 의미가 習습이라고 할 수 있습니다. 간혹 TV 동물 관련 프로그램을 보면 새끼 새가 어느 정도 자라 둥지를 벗어나는 과정에서 날개짓을 퍼득거리며 몇 번이고 시행착오를 겪는 장면이 나옵니다.

습을 교육적으로 본다면, 초등학교에서 어떤 문제에 대하여 한번 가르쳤다고 하여 학생들이 학습되었다고는 말할 수 없다는 것을 말합니다. 우리가 구구단을 욀 때 칠팔이라고 하면 자동적으로 오십육이 바로 나오는 것은 초등학교 시절 기계적으로 반복하여 머리에 완전히 외웠기 때문 –기계적 반복 학습이 교육적으로 의미 있는지는 별도의 문제– 입니다.

결론적으로 초등학교 교육은 습의 연속이라고 하여도 과언이 아니라고 할 수 있습니다.

끊임없이 올바른 행동을 반복 실천하는 가운데 올바른 습관이 형성되는 것입니다. 생활지도를 예로 들어보겠습니다. 골마루를 아무 생각 없이 뛰는 학생에게 교사가 수업시간이나 생활지도 시간에 골마루는 뛰는 것이 아니고 걷는 것이라고 한번 가르쳤다고 하여 그 학생이 그 다음에 뛰지 않을 것이라고 기대하는 사람은 거의 없을 것입니다.

세 살적 버릇이 여든 간다는 속담과 마찬가지로 초등학교 시절 아이들이 좋은 습을 반복할 수 있도록 바탕을 마련해 주는 것이 교사에게 있어 중요한 역할 중의 하나라고 생각합니다.

습의 의미를 잘못 해석하여 무조건 반복학습만을 시킨다면 이것은 잘못된 방법입니다. 아무런 의식없이 행동을 반복하게 하여 습관화하게 한다면, 이것은 아동의 자발성과 자율성을 해치는 것이 됩니다. 학생들의 자발성과 자율성이 들어간 습. 이것이 바로 교육이 가진 의미 중 하나가 될 것입니다.

+ − × ÷의 지혜

우리는 세상을 살면서 매일 똑같은 것이 되풀이 되면, 그것이 너무나 일상적인 것이기에 별 생각을 하지 않습니다. 그러나 당연하게 생각하는 것도 생각에 따라 그 의미가 다르게 다가올 수도 있습니다.

더하기加, 빼기減, 곱하기乘, 나누기除도 그러한 경우입니다. 이 더하기, 빼기, 곱하기, 나누기를 통틀어 우리는 '셈하기'로 부릅니다.

학교 현장에서는 교사와 학생 간에 끊임없이 그 무엇을 더해 주기도 하고, 빼주기도 하며, 또한 곱하기처럼 반복하기도 합니다. 또 남을 생각하고 배려하는 나누기의 세계도 있습니다. 필자가 보기에 교육도 이 셈하기와 비슷하다고 생각합니다.

더하기처럼 학교에서 '가르치는' 과정은 대부분 학생들이 모르는 것을 알도록 하는 데 있습니다. 즉, 학습, 생활(인성), 위생 등등에 관한 지식이나 사실을 채워주고, 또 많은 경험을 제공하기도 합니다. 학년마다 배우는 것이 다른 이유는 바로 이 '채움'을 매끄럽게 하기 위해서입니다.

차면 비워야 하는 것처럼 교육활동에도 더해서는 안 되는 것이 있습니다. 가장 대표적인 예가 좋지 못한 습관의 경우입니다. 만약 이런 습관을 가진 학생이 있으면, 당연히 덜어내어 주어야 합니다. 잘못된 습관도 일종의 더하기에서 생긴 것으로 빼기를 통해 원래의 상태로 돌리고 '가치롭고 바람직한 더하기'로 돌아가야 합니다.

곱하기는 더하기에서 나온 것입니다. 더한다는 것은 이미 있는 수에 같은 수를 합한다는 것으로 벽돌쌓기와 같습니다. 벽돌을 계속 쌓다보면 어느 시점에는 보지 않고도 쌓을 수 있습니다. 이는 반복 때문입니다. 이 반복이 바로 습관입니다. 학생들이 좋은 습관을 갖도록 우리는 끊임없이 길을 터주어야 합니다.

조건이 같으면 그 몫이 누구에게나 같아야 하는 것이 나누기의 세계입니다. 나누기에 몫을 만들어 나누고 받는 것 모두 개인에서 출발합니다. 이렇게 보면 모둠살이에서 개인이 맡은 역할이 크다는 것을 알 수 있습니다.

이상에서 보듯이 더하기와 빼기, 그리고 곱하기와 나누기는 서로가 서로에게 영향을 주고 있습니다. 더하기에서 항을 달리하면 빼기가 되고, 나누기에서는 몫을 계산할 때 곱하기를 이용합니다.

세상살이도 이와 같다고 할 수 있습니다. 서로가 서로에게 영향을 주고받으며 살아가고 있는 것입니다. 교육은 자신을 바르게 하여 남에게 좋은 영향을 주며 살아가도록 하는 데 그 한 몫을 맡는 것이라 생각합니다.

'아' 다르고 '어' 다르다

　우리는 세상을 살면서 수많은 행동 혹은 행위를 하고 살아가지만 말을 하지 않고 살아갈 수는 없습니다. 물론 특수한 사람은 예외로 삼아야 하겠지만, 이에 비해 교사는 어느 면에서 말을 가지고 먹고 살고 있다고 하여도 과언이 아닙니다. 아침 등교 시간부터 하교 시간까지 말로 시작하여 말로 끝이 날 때도 있습니다. 물론 교사의 말에는 실천적인 요소가 강하게 들어있겠지만요.

　인류가 동물과 다르게 진화한 덕분에 우리는 말을 매개로 한 직업을 가지게 되었다고 볼 수 있습니다. 그러나 여기서 내가 말하는 '말'의 의미는 직업의 수단으로서의 말의 의미가 아닙니다.

　우리가 살아가는데 있어 필요한 말의 의미라고 할 수 있습니다. 옛말에 '아' 다르고 '어' 다르다는 말이 있습니다. 즉, 말하는 사람話者의 어휘 선택에 따라 받아들이는 사람聽者의 느낌感情이 달라진다는 말과 같습니다. 또 '말 한마디에 천 냥 빚을 갚는다'는 말도 있습니다. 이와 상대적인 말로 '빛 좋은 개살구'라는 말도 있는데, 위의 두 예가 바로 '아'와 '어'의 차이라고 볼 수 있겠습니다.

　사실 요즈음 시대처럼 말의 중요성이 부각된 적은 없을 것입니다. 학부모나 학생들에게 말 한마디가 잘못 전달되어 곤욕을 치루는 경우도 있고, 매체가 발달한 시대니만큼 '카더라' 방송과 가짜 뉴스가 판을 치고 있으니 이른바 '아니면 말고'에 걸리면 살아 남을 자 별로 없을 것입니다.

아무리 그것이 아니라고 하여도 일단 가짜 뉴스나, 증권가 찌라시, '카더라' 방송을 타고나면 상처는 이루 말할 수 없이 커져 버리는 경우도 종종 보게 됩니다.

이렇게 보면 말이 참 중요하다는 사실을 느낄 수 있을 것입니다. 춘추시대를 풍미한 한비자韓非子는 그의 책『한비자韓非子』「난언難言」편에서 말의 어려움을 토로하고 있습니다.

한비자는 법가사상을 정리한 사람이지만, 그 자신은 말더듬이로 진시황을 만나 보지도 못하고 자신과 동문수학한 이사李斯에게 모함받아 죽임을 당했습니다.

'난언'이라는 말 자체가 말을 하는데 있어 어려움이라는 뜻입니다. 물론 여기서 말하는 말의 어려움은 군주 즉, 권력을 잡은 자에 대한 말의 어려움을 말하고 있지만, 이는 우리가 일상적으로 살아가면서 행하는 말 즉, 대화의 어려움이라고 하여도 하등 이상할 것이 없습니다.

한비자의 난언을 지금의 말로 하면 다음과 같습니다.

"내가 어떤 상황에 대해 구체적인 수치를 들이대면서 설명하면 쪼잔한 사람이라고 보고, 내가 어떤 상황에 대해 전체적인 틀만 말하면 모르는 사람이 되고, 모든 것을 논리적으로 풀어 나가면서 빈틈없이 말하면, 뭔가 허점이 있어 그렇다고 생각할 것이다."

사실 한비자의 생각이 아니라도 우리는 세상을 살면서 그 사람을 평가할 때 나름대로의 기준은 가지고 있습니다.

한비자는 한 시대의 난국을 타개하기 위해 평생을 고민한 사람입니다. 공자도 노자도 마찬가지입니다. 이런 사람도 말의 어려움을 토로하고 있는 것을 보면 정말 말을 하는 것은 어려움이 따르기 마련인 것 같습니다.

하지만 구더기가 무섭다고 하여 장을 담지 않을 수 없는 것처럼 사람이 살면서 말을 하지 않고 어떻게 살 수 있겠습니까. 상대방이 없고 혼자서 지껄이는 말은 무슨 말을 하여도 상관 없지만, 상대방이 있을 경우에는 달라집니다. 상대방을 의식하지 않을 수 없기 때문입니다.

제가 말을 주제로 삼은 것도 바로 이 상대방을 전제로 한 것입니다. 우리가 흔히들 격식 차린 말이라고 하는 것은 다분히 상대방에게 어울리는 정제된 언어를 사용했다는 말과 같습니다.

격식을 차린다고 하여 어린아이에게까지 '밥'을 '진지'라고 말할 수는 없을 것입니다. 바로 이런 까닭에 존경어가 나오며, 평어가 나오는 것입니다. 상대방에 맞게 적절한 어휘를 적시에 사용할 수 있는 것. 이것 때문에 교육이 필요한 것입니다.

초등학교 도덕교육에서 기초생활 습관을 정착시키기 위해서는 '적시성'과 '적절성'이 중요하다고 누차 강조하였습니다. 사회적인 위치가 타인에게 영향력을 많이 주는 곳이 아니라, 혼자만의 메아리로 끝나고 있지만 사실 교육에 있어 '적시성'과 '적절성'은 중요합니다.

적시성이 시간과 관련있다면 적절성은 강도의 조절이라고 할 수 있습니다. 이는 생활교육 뿐만 아니라 수업에 있어 아주 중요한 요소 중의 하나입니다.

어떤 것을 적절하게 한다는 것은 중中의 의미로 모자라지도 않고 과하지도 않다는 것을 뜻합니다. 우리가 무엇을 하는데 있어 모자라지도 않고 과하지도 않고 적절하게 일정한 선을 그을 수 있다는 것은 말은 쉽지만 경험으로 보았을 때 상당히 어렵습니다. 이 때문에 교육이 필요하고 또 본인 자신의 노력이 필요한 것입니다.

말이든 행동이든 중中의 의미로 가기 위해서는 끊임없이 습 즉, 반복 실천을 해야 합니다. 그리고 그것을 판단할 수 있는 지혜가 필요한 것입니다. 이 지혜를 그리스인들은 '프로네시스'라고 하였습니다. 다소 생소한 말이지만, 우리 동양에서 본다면 權권이라는 한자와 어느 정도 상통한다고 하겠습니다.

권에는 저울의 의미가 들어있습니다. 어떤 행동을 하는데 있어 양극단에 치우치지 않게 행동하도록 하는 것, 이것이 바로 권의 의미입니다.

말을 하는 것도 상대방이 있기에 권을 가지고 균형을 잡아야 합니다. 어려움이 있기에 우리에게는 배움이 필요합니다. 배움은 결국 자신의 행동이나 말 등등을 적시에 적절하게, 적의하도록 하기 위해서입니다.

'인능홍도人能弘道 비도홍인非道弘人'

'사람이 도를 넓히는 것이지, 도가 사람을 넓히는 것은 아니다. 즉 모든 것을 행하고 결정하는 것은 사람 그 자신에게 있는 것이지, 어떤 외적인 힘이나 초월적 존재에 의해 결정되는 것은 아니다'는 의미입니다.

결국 '아'와 '어'의 선택은 말하는 사람에 달려있는 것이라 생각해 봅니다.

'얼짱'보다 '마음짱'

사람은 누구나 아름답기를 원합니다. '얼짱', '몸짱'이라는 말도 알고 보면 아름다움을 추구하는 사람들의 심리적 특성에 기인하고 있으며, 사람들은 인위적인 힘을 가해서라도 '아름다워지기'를 원한다는 의미가 들어있습니다.

몸짱, 얼짱은 모두 외면적으로 바라보는 아름다움의 기준에 그 바탕을 깔고 있습니다. 하지만 화무십일홍花無十日紅이라는 말처럼 외면적으로 바라보는 아름다움은 시간의 흐름과 함께 자연적으로 퇴색되기 마련입니다. 이에 비해 내면에서 우러나오는 아름다움은 시간의 흐름과는 무관합니다.

이에 대해 맹자는 사람의 인격 완성 단계를 설명하는 가운데 아름다움을 말하고 있습니다. 맹자가 바라보는 인격 완성 단계는 선한 사람善 → 믿음이 있는 사람信 → 아름다운 사람美 → 위대한 사람大 → 성스러운 사람聖 → 성스러워서 알 수 없는 신령스러운 사람神이 그것입니다.

선함이 몸에 베여 그것에 따라 일관되게 행동으로 나타날 때 믿음이 있는 사람이 됩니다. 이어 그것이 자신의 몸을 꽉 채우고 있을 때 이를 맹자는 아름답다고 하였습니다.

이에 따르면 미인이란 자신의 내면을 도덕적인 선함으로 꽉 채우고 이를 실천하는 사람을 말합니다. 이런 점에서 보면, '아름다움'이란 자신의 외모를 가꾸는 것과 같은 외면에서 나오는 것이 아니라 내면을 어떻게 가꾸느냐에 달린 것이라 생각됩니다.

사실 '얼짱', '몸짱'이라는 이 조어는 외모지상주의와 관련 있습니다. 옛날 사람들도 외모에 대해 관심을 가졌을 것은 분명합니다. 하지만 세상을 살면서 시대를 고민하는 사람들은 모두가 이 외모를 가지고 사람을 평가하지 않았습니다. 그 사람이 어떤 행동을 하느냐에 따라 사람을 평가했을 뿐입니다.

순자는 『순자荀子』「비상非相」편에서 외모를 가지고 사람을 판단하는 것에 대해 신랄하게 비판하고 있습니다. 우리 역사에서 보더라도 강감찬 장군은 얼굴이 못 생겼고, 키도 작았다고 합니다. 하지만 강감찬 장군은 거란의 침입을 막아낸 구국의 영웅으로 역사에 길이 남았습니다.

이런 점에서, 교육은 '얼짱', '몸짱'을 기르는 것 아니라 '마음짱'을 기르는 것이라고 할 수 있습니다. 마음이 짱인 사람은 그 자신을 둘러싼 생활 환경에 있어, 여름에는 시원한 부채의 역할을, 겨울에는 따뜻한 난로 역할을 합니다.

'꿀림'이 없는 당당함

　요즈음 우리 사회는 인문학 열풍(?)과 함께 고전에 관한 책이 꽤 많이 출간되고 있습니다. 농담 같지만 "고전은 누구나 알고 있으면서 읽지는 않는다"는 말이 있습니다. 누구나 알고 있기에 안 읽는지 모르지만, 고전이란 '최고의 가치'라는 의미가 들어있습니다. 이 가치 때문에 시대와 세대를 초월하여 우리에게 영향을 주는 것입니다.

　사마천이 지은 『사기』도 마찬가지입니다. 사기는 본기, 세가, 열전 등으로 구성되어 있는데, 필자가 보기에 열전은 당시 민중들의 삶을 다룬 것으로 사기의 백미입니다.

　열전은 총 70편으로 구성되어 있는데, 그 중 『흉노匈奴열전』에 나오는 환관 중항열中行說이 눈길을 끕니다. 사마천이 흉노열전을 저술할 당시만 해도 흉노는 한나라와 대등한 입장에 있었으며, 오히려 형의 입장에 있었다고 할 수 있습니다. 한나라가 흉노의 수장 선우單于와 화친을 위해 공주를 보내기까지 하였으니 말입니다.

　이때 공주가 흉노로 시집갈 때 시중을 들기 위해 연나라 환관인 중항열이라는 사람이 선택되었습니다. 중항열은 가지 않겠다고 하였지만, 명령에 의해 흉노땅으로 가면서 "자신이 흉노로 가면 한나라에 골칫거리가 될 것이다"고 하였습니다. 실제로 중항렬은 그 말 그대로 흉노에 귀순하여 흉노의 이익 고려에 최선을 다하였습니다.

예를 들어 한나라 사신이 노인을 경시하는 풍조를 말하면, 중항렬은 흉노의 입장에서 노인을 대하는 예를 설명하는 등 조금도 꿀림이 없었습니다. 비단 옷보다는 말타기에 적합한 가죽 옷의 중요성, 맛있는 음식보다는 흉노가 먹는 조식粗食의 중요성 등등의 설명을 통해 흉노가 흉노로 존재하기 위해서는 한마디로 흉노가 가진 독자성과 정체성을 잃어버리면 안 된다고 주장하였습니다. 즉, 우리가 우리로서 존재하기 위한 전제 조건의 중요성을 중항열은 주장한 것입니다.

이처럼 중항렬은 당당하였습니다. 요즈음으로 비교하자면, 차도 없고 좋은 집이 없어도 가진 자를 부러워하지 않고 자신이 가진 것에 소중함을 잘 인식했기 때문입니다.

이 당당함을 흉노가 지키고 있었기에 한나라 초기에는 흉노에게 조공을 바치고 공주를 선우單于에게 보내게 되는 것입니다. 심지어 유방의 부인인 여태후를 희롱하여도 당시 한나라 정부는 그냥 당하고 있을 수밖에 없었습니다.

흉노라는 말은 '시끄럽고 떠들썩한 녀석들'이라는 의미입니다. 한족漢族의 입장에서 보면 말을 타고 괴성을 지르면서 약탈을 하니 시끄러운 종족으로 여길 수밖에 없었을 것입니다. 나의 입장에서 상대가 시끄럽고 떠들썩하게 보인 것은 내가 경험한 바가 없고 내가 사는 사회에는 통하지 않기 때문에 기인한 것이라 볼 수 있습니다.

한족의 입장에서 본다면 흉노는 분명 시끄럽고 골치 아픈 존재입니다. 그러나 만약 우리가 흉노의 입장에 선다면 오히려 한족이 그렇다고 여길 것입니다. 인문학은 말 그대로 사람에 관한 학문입니다.

인생표 신발을 신기자

옷이 가지고 있는 목적이 무엇이냐고 묻는다면 보기에 따라 우문愚問
처럼 들리지 모르지만, 옷의 본래적 목적은 분명 몸을 보호하는 데 있
습니다. 우리가 걸을 때 없어서는 안 되는 신도 옷과 마찬가지입니다.
우리는 신이 있기 때문에 아무런 불편함 없이 이곳저곳을 마음대로 돌
아다닐 수 있습니다.

이 신의 의미가 회사나 기업에서 신규채용 시 요구하는 서류로 전환
되면, 이른바 이력서가 됩니다. 이력서란 말 그대로 '신을 신고 밟아 온
경력'으로 이른바 개인의 발자취를 적은 서류입니다.

회사나 기업은 한 개인이 밟아 온 발자취를 보고 적합여부를 판가름
합니다. 요즈음은 스펙이라는 말로 대체하여 사용하지만 스펙도 결국
이력의 의미와 같다고 할 수 있습니다.

발자취란 한 개인이 겪은 경험과 의미가 상통합니다. 이 경험은 교육
에서 대단히 중요한 의미를 가지며, 경험은 직접경험과 간접경험으로
나누어 볼 수 있습니다. 학교에서 실시하고 있는 각종 현장 체험학습이
나 수련활동 등이 학생들의 직접경험을 대표한다면, 독서나 각종 매체
등을 통해 경험하는 것은 간접경험을 대표한다고 볼 수 있습니다.

학교는 학생들에게 많은 경험을 교육적으로 제공하는 장소입니다.
학교에서 매년 교육과정을 구성하여 학생들을 가르치는 것도 이 경험

적 요소를 다양하게, 적의하게, 적절하게 제공하기 위해서입니다. 그것이 교과 지식이든 인성적인 지식이든 학생들은 이런 다양한 직·간접의 경험을 통해 세상과 사람에 대해 알고, 느끼며 이를 실천하는 것입니다.

이런 경험의 중요성에 대해 서양의 모 철학자는 '경험의 마지막 꽃은 판단이다'는 말을 하고 있습니다. 우리는 세상을 살면서 수많은 경험을 하며, 또 선택의 기로에서 수많은 판단을 하고 이를 실행합니다. 학교에서 학생들에게 여러 가지 직·간접의 경험을 제공하는 것은 결국 그들이 자라 삶에 대한 올바른 판단을 하여 개인의 이익과 함께 더불어 살아가는 삶을 살아가도록 하는 데 그 목적이 있습니다.

이런 면에서 비추어 볼 때, 학교란 인생이라는 길고도 험난한 여정을 걸어가야 할 우리 학생들에게 튼튼하고 안전한 신을 마련해 주는 곳이라 할 수 있습니다.

바탕을 그리자

　요즈음 서점가를 가 보면 고전이 눈에 띄게 늘어나고 있음을 알 수 있습니다. 고전이 많아졌다는 것은 그만큼 우리가 우리의 삶에 대해 진지하게 고민하고 있다는 의미가 되기도 합니다.

　필자는 고전하면 먼저 '논어論語'를 생각합니다. 고전은 비록 옛날에 쓰여진 책이지만 시대와 공간을 초월하여 읽을 만한 가치를 지니고 있다는 점에서 최고의 인문서라 할 수 있습니다.

　우리 인류가 지금까지 만든 책들 중에서 고전이라는 반열에 올라 오늘날에도 읽히고 있다면, 그 책에는 분명 오늘을 사는 우리에게 무언가의 시사점을 던져주는 것이 있다고 보아야 합니다.

　『논어』「팔일편」에 '회사후소繪事後素'라는 말이 있습니다. 공자가 제자와 함께 시의 내용을 논하면서 한 말로 '그림을 그리려면 바탕이 있고 난 뒤이다'는 뜻입니다. 공자가 여기에서 바탕이라고 한 것은 예禮와 인仁의 관계를 말한 것이지만, '바탕'이란 교육에서 중요한 의미를 지니고 있습니다.

　초중등학교는 학교급에 맞게 학생들을 교육이라는 거름 장치를 통해 바로 이 바탕을 마련해 주려고 하는 의도적이고 체계적인 교육기관입니다.

　예를 들어 필자가 근무하는 학교 모 학년 학급의 교육목표 중 '책을 좋아하고 사이좋게 지내는 어린이'라는 말이 있습니다. 여기에는 학문적이거나 기술개발 등에 대한 냄새를 맡을 수 없습니다.

이것을 '책을 좋아하고 사이좋게 지내는 대학생'으로 바꾸어 보면 정말 어색하게 느껴질 것입니다. 왜냐하면 우리는 이미 초중등학교에서 하는 일(과업)과 대학교에서 하는 일이 다르다는 것을 알고 있기에 이 말이 어색하게 다가오기 때문입니다.

초중등의 경우 위 학급목표에서 알 수 있듯이 학급 교육목표 그 자체에 이미 바탕이라는 의미가 들어있습니다. 우리가 간단한 계산을 곱셈을 이 용하여 할 수 있는 것은 학교에서 곱셈의 바탕이 되는 더하기의 원리를 배웠고 이 원리가 바탕이 되어 곱셈의 원리를 알기 때문입니다.

학교에서 학생들에게 지겨울 정도로 똑같은 말을 반복하고 간섭하는 것은 어른인 우리는 바로 이 바탕의 중요성을 알고 있기에 그렇게 하는 것입니다.

'십인십색'이라는 말이 있듯이 학생들 모두는 각자가 앞으로 완성해야 할 그림을 가지고 있습니다. 각자의 그림이 명화로 탄생되려면, 학생들은 학교에서 그림을 그릴 바탕이 되는 화선지 마련에 온 힘을 기울여야 할 것입니다.

인생의 자

해마다 신학기가 되면 초등학교에서는 학생용 학습 준비물을 학교에서 구입합니다. 학년마다 교과내용을 분석하여 학년도에 필요한 학습 준비물을 구입하는데, 그 중 수학시간에 쓸 자나 컴퍼스도 포함되어 있습니다. "자와 컴퍼스를 어디에 쓸려고 구입하는가?"라고 묻는다면, 질문 자체가 이상할지도 모릅니다.

그러나 "자나 컴퍼스가 필요한 단원에 자나 컴퍼스없이 수업을 한다면?" 가르치는 우리는 심각하게 고민하지 않을 수 없습니다. 예를 들어 현행 초등학교 3학년 수학에는 '선분, 반직선, 직선을 알 수 있어요'라는 단원이 있습니다. 이 수업에서 활동은 '점 ㄱ과 점 ㄴ을 곧게 이어 보시오'하는 내용이 있습니다.

그냥 손으로 긋는 것은 선분이 될 수 없습니다. 왜냐하면 선분이란 두 점을 잇는 최소한의 거리이기 때문에 선분이 될 수 없기 때문입니다. 자가 없다면 우리는 선분을 그을 수 없는 입장에 처하게 됩니다. 자로 정확하게 그었을 때 우리는 그것을 선분이라 부릅니다.

이처럼 자는 선분을 긋거나, 일정한 길이를 그을 때 혹은 길이를 잴 때 없어서는 안 되는 도구이며, 컴퍼스는 원을 그릴 때 꼭 필요한 도구입니다.

이 자나 컴퍼스를 우리의 삶으로 옮아가면 어떻게 될까요? 이는 곧 우리가 지켜야 하는 법이나 규칙으로 그 자리를 바꿈합니다. 만약 10㎝의 길이가 필요하면 정해진 10㎝만큼 자로 그어야 우리가 원하는 10㎝가 됩니다.

이와 같이 우리가 길이를 그을 때 주어진 길이만큼 그어야 하는 것처럼 우리의 삶도 마찬가지입니다. 이 사회가 통용하는 관습이나 관례, 법 등의 테두리 속에서 우리는 행동해야 하는 것입니다.

배가 고프다고 남의 밥까지 먹을 수 없듯이 우리의 행동도 남에게 피해를 주지 않는 범위만큼 나아가야 한다는 점입니다. 이 점은 누가 보아도 상식에 속합니다. 상식은 상식이지만 삶에 있어서는 무엇보다 '행동하는' 실천이 중요합니다.

공자는 주어진 자와 같이 행동한 사람이라고 볼 수 있습니다. 10㎝ 나아가는 것이 인정된다면 10㎝만큼 다가서고, 또 물러나면 물러나고. 어찌 공자 한 사람만이 그렇게 하였겠습니까.

길이만큼 나아가고 물러섬의 결과 공자는 나이 70에 '종심소욕불유구從心所欲不踰矩'라는 유명한 말을 남겼습니다. "내 마음이 원하는 대로 행동해도 전혀 걸림(도덕적으로)이 없었다"는 말입니다. 하고 싶은데 억지로 참는 것이 아니고 하고 싶다는 자체가 도덕적이니 그 무엇이 행동에 '걸림'이 있었겠습니까.

'걸림'은 위에서 말한 바와 같이 서로가 서로에게 '불편함'을 제공하는 것입니다. 불편함은 곧 사회의 질서가 자리잡지 못한다는 말과 같습니다.

"사회의 불편함을 제거하는 것, 이것이 곧 도덕교육의 목표가 아닐까?"

제 스스로에게 자문자답해봅니다.

삶에는 단비만 내리지 않는다

"학교가 무엇을 하는 곳인가?"라고 묻는다면, 어리석은 질문일 것입니다. 누구나 알고 있듯이 학교는 교사가 가르치고 학생이 배우는 곳입니다.

학교에 있어 이 가르치고 배움이 이루어지는 곳은 대부분 교실이며, 교실의 가장 중요한 기능은 수업이 펼쳐지는 곳입니다. 수업은 교사와 학생이 교재(교과서)를 가지고 주고받는 일련의 활동입니다. 따라서 교사가 어떤 방법으로 학생을 이끄느냐에 따라 학생들이 가는 방향이 달라집니다.

그렇다면 교사의 역할을 고전을 통해 알아봅니다. 『맹자』「진심」편을 보면, 군자가 사람을 가르치는 다섯 가지 방식이 나옵니다.

첫째, 때에 맞춰 내리는 단비처럼 사람을 교화시킨다.

둘째, 사람 개개인이 가진 덕을 이루게 한다.

셋째, 사람마다 가진 소질과 재능을 일깨워 준다.

넷째, 묻는 말에 대답해 준다.

다섯째, 간접적으로 감화를 시킨다.

오늘을 사는 우리에게 비추어 보아도 이상적인 가르침이라고 할 수 있습니다.

이 가르침의 방식 모두가 의미 있지만, 이 중 필자의 가슴에 가장 와 닿는 것은 가뭄에 내리는 단비처럼 가르치는 방식입니다. 가뭄에는 모두가 목 말라 비를 애타게 기다립니다. 이처럼 배우는 사람이 앎에 목말라 있다면 먼저 아는 사람의 도움을 기다리는 것은 당연합니다.

이런 경우 가르치는 교사의 역할은 배우는 학생이 필요로 하는 가장 절실한 시기에 가장 적절하게 가르치는 것입니다. 목이 말라 물을 한껏 들이키면 배탈이 나듯이 가르침도 마찬가지입니다. 배우는 사람의 수준과 흥미를 고려하여 적시에 적절하게 조절하는 것 또한 가르치는 사람의 역할 중 하나입니다.

그러나 우리의 삶은 단비만이 있는 것이 아닙니다. 교실에서 일어나는 상황도 마찬가지입니다. 때로는 세찬 바람이 불기도 하고, 비가 들이치는 경우도 있습니다. 바람이 세차게 불면 문단속을 하는 것처럼 그때그때마다 어떤 방식으로 가르쳐야 하는가는 오롯이 가르치는 사람의 전문성과 판단에 있는 것입니다.

살빼기와 살찌우기

살빼기, 이름하여 다이어트는 마치 그림자가 나의 몸을 떠날 수 없는 것처럼 우리 일상사에 그림자처럼 붙어 다닌다고 하여도 과언이 아닙니다. 사람이면 누구나 날씬하고 건강해지고 싶은 욕망(?)은 어쩌면 당연한 것인지도 모릅니다. 저 역시 식스팩을 만들고 싶지만, 어디 그것이 하루아침에 이루어지는 것이 아니니 머리에서는 식스팩을 그리워하지만 현실은 그렇지 못합니다.

날씬한 몸을 만드는 지름길이 잘 먹고 먹은 만큼 열량을 소비하면 되는데 이것이 그리 쉽지 않습니다. 매일 규칙적인 운동을 해야 하는데 결코 쉬운 일이 아니기 때문입니다. 물론 그렇게 하는 사람도 있습니다.

다이어트는 내 몸에 비해 살이 많다는 것이 전제조건입니다. 내 몸에 비해 살이 많게 되는 원인은 두 가지로 볼 수 있습니다.

첫째, 살이 찌다와 둘째, 살을 찌우다입니다. 둘째의 경우는 무엇인가의 필요 때문에 내 스스로 살을 찌우기 때문에 다이어트와는 상관없습니다. 하지만 첫째의 경우는 조금만 먹어도 아니면 많이 먹어서 살이 찌는 경우입니다.

이 경우에 바로 다이어트가 필요합니다. 많이 먹는 경우에는 적게 먹어야 하며, 체질이 그렇다면 체질을 개선해야 합니다. 말은 쉽지만 참으로 어렵습니다. 이처럼 살 찌는 것이 나를 힘들게 하지만, 우리 인생사에서는 '살이 찌다', 혹은 '살을 찌우다'가 더욱더 필요한 경우가 있습니다. 이를 교육과 관련하여 보면 다음과 같습니다.

교육은 여러 가지로 정의할 수 있지만, 교육은 일종의 '마음과 행동의 변화'라고 볼 수 있습니다. 여기서 마음의 변화란 바람직하고 가치로운 모종의 변화입니다. 만약 나쁜 습관이 있다면, 스스로 혹은 교육을 통해 그것을 제거하여 보다 나은 행동으로 나아가는 것이 교육의 목적이며 교육받은 결과입니다.

인간의 구성요소를 몸과 마음으로 나누어 본다면, 몸은 건강에 적당한 '살빼기'를 요구하고 있습니다. 그러나 마음 즉, 교육을 통한 앎의 확충은 반대라고 볼 수 있습니다. 살을 찌워야 하는 것입니다. 즉 다이어트에서는 '살이 찌다'가 문제가 되지만, 여기서는 '살을 찌우다'가 관건이 됩니다. 마음의 확충에서는 '살이 찌다'처럼 되는 것이 거의 없습니다. 대부분 의도를 갖고 '살을 찌우다'에 노력해야 하는 것입니다.

만약 공부하지 않고, 노력도 하지 않았는데 '살이 찌다'와 같이 된다면, 이것은 감나무 밑에서 홍시가 입으로 떨어지기를 기다리는 것과 같습니다.

'태산이 높다 하되 하늘 아래 ……'와 같은 시조는 아예 만들어지지도 않았을 것입니다. 교육은 어떤 목적 하에 '살을 찌우다'처럼 의도성을 가지고 있습니다. 교육은 '~~을 ~~으로' 가는 과정이기 때문입니다.

여기에 필요한 것이 바로 '습관화' 혹은 '내면화'입니다. '~~을 하다.'는 의도적이라 자동적 즉, '스스로'가 잘 안 되는 상태에서 나오는 말입니다. 잘 되지 않는 것을 잘 되도록 하려면 끊임없는 반복과 실천을 통해 '~~을 ~~으로' 가게 하는 것입니다.

이런 점에서 본다면 우리 인간이 만든 단어의 의미는 보기에 따라 여기에는 그저 그렇고 그런 것이 저기에는 중요한 의미를 가지고 있습니다. 이것이 세상사는 재미가 아닐까요.

대학원에서 학위를 받기 위해서는 '논문'이 필수적입니다. 고민 고민 하면서 쓴 논문도 어머니가 자식에게 주기 위해 몇날 며칠을 고고 고아서 만든 '곰국'과 별 다름이 없습니다.

표절 안 하고, 인용 잘하고, 자신의 생각을 잘 드러나게 한 것이 좋은 논문이라면, 핏물 잘 빼고, 부유물질 잘 제거하고, 잡냄새 없게 잘 고은 곰국이 좋은 곰국입니다. 이런 과정을 보면 잘 만든 '논문'은 곧, 잘 고은 '곰국'과도 같은 것입니다.

교육의 고무줄

　　우리 생활에 있어 '고무줄'이라고 하면 제일 먼저 머릿속에 떠오르는 것이 아마도 속옷을 고정하는 용도나 어릴 때 운동장에서 뛰놀던 고무줄 놀이일 것입니다.

　　전자의 경우는 고무줄이 가지고 있는 복원력 때문에, 후자의 경우는 팽창력 때문에 많이 이용하여 왔고, 지금도 사용하고 있습니다.

　　'새 신을 신고 뛰어 보자 팔짝'이라는 노래 가사는 이제 추억의 뒤안길에 서 있지만, 고무줄은 여전히 우리 일상생활에서 유용한 용도로 쓰이고 있습니다. 고무줄이 가지고 있는 팽창과 복원의 특성을 이용해서. 이 고무줄이 가지고 있는 '늘어남(팽창)'과 '원상태로의 줄어듦(복원)'을 보면, 교육도 마찬가지라는 생각이 듭니다.

　　우리가 학교에서 학생들을 '가르친다'는 것은 곧 학생들의 올바른 성장에 기여하는 데 그 목적이 있습니다. 즉, 학생 개개인이 가지고 있는 잠재력이나 특성은 더욱더 늘어나게 해야 하며, 좋지 못한 습관 등은 바른 습관으로 늘어나게 하여 다시는 원래의 자리로 돌아가지 못하게 하는 데 교육의 의미가 있다 하겠습니다.

　　고무줄을 계속 당기고 놓기를 반복하다 보면, 고무줄이 가지고 있는 복원력은 어느 정도 상실되어 원래의 고무 길이보다 늘어납니다. 고무줄의 경우 늘어나면 쓰임새가 약화되어 새 것으로 교체하지만, 교육은 좋지 못한 습관이 복원력을 상실했을 때 그 목적을 달성했다고 볼 수 있습니다. 늘어난 만큼 교육은 소기의 목적을 달성하였다는 의미이기도 합니다. 즉, 이 늘어난 길이가 바로 교육의 효과라고 볼 수 있습니다.

물론 인간을 선한 존재로 보느냐, 아니면 이익적 존재로 보느냐에 따라 그 교육적 처방이 달라지지만, 좋지 못한 습관의 경우는 원래 습관으로 돌아가지 못하게 하는 것이 필요합니다.

한번의 '가르침'으로 교육이 가지고 있는 가치롭고 바람직한 목적에 다다를 수 없다는 것은 누구나 경험적으로 알 수 있습니다. 때때로 교육은 지겨울 정도로 반복해야 하는 경우도 있습니다. 이를 통해 학생들은 성장하며, 자신의 자아 실현에 한 걸음 더 다가서는 길이 됩니다.

공부는 즐거운 것인가

일전에 해인사 장경각을 둘러본 후 해인사 옆에 있는 원당암을 찾았습니다. 그곳에서 나무기둥에 아로새긴 '공부하다 죽어라'는 글귀를 보았습니다.

이 말은 불교 수행을 말하는 것이지만 '공부하다 죽어라'는 말은 속인인 필자에게도 와 닿는 말이었습니다. 사회에서도 '공부는 평생 동안 하는 것이다'는 말을 자주 듣기 때문입니다.

자녀를 학교에 보내는 학부모들의 관심사도 자녀들의 공부가 아닐까 생각합니다. 학교에서 열심히 공부하여 이것이 바탕이 되어 직장생활을 하면서 가정을 꾸리고 사는 것. 이것이 보통으로 살아가는 우리들의 삶이라고 볼 수 있습니다. 이 보통의 삶속에서 우리는 끊임없이 배우고 익혀 나가는 것입니다.

그렇다면 공부에 대해 우리나라, 중국, 일본은 어떤 단어를 사용하고 있는지 알아보겠습니다. 먼저 우리의 경우는 말 그대로 '공부工夫'라고 합니다. 공부에 대한 사전적 정의는 '학문이나 기술 등을 배우고 익힘'입니다.

중국은 '염서唸書'라는 단어를 취하고 있습니다. 이에 대한 사전적 정의는 '책을 읽음'입니다. 일본은 '면강勉強'이라는 단어를 취하여 '억지로 하거나 시킴'으로 풀이하고 있습니다.

이상에서 보듯이 학교에서 학생들이 배우고 익히는 똑같은 과정을 우리는 '공부', 중국은 '염서', 일본은 '면강'으로 부릅니다. 이 가운데 필자의 가슴에 와 닿는 단어는 일본에서 사용하는 '면강'입니다.

대체적으로 학생들은 학교에서 어려운 문제를 풀면서 고민하기보다는 밖에서 뛰노는 것을 훨씬 좋아합니다. 이것을 성인인 우리는 경험적으로 알 수 있습니다. 이에 공부는 어떤 면에서 참고 견디는 인고가 필요하다고 할 수 있습니다. 이런 면에서 본다면 공부에는 결국 하기 싫은 것을 하도록 하며, 하고 싶은 것을 못하도록 하는 통제의 의미가 들어 있다고 보아야 합니다.

사실 어른이 된다는 것에도 이와 비슷한 의미가 포함되어 있지 않습니까. 이러한 과정을 거치고 넘어설 때 비로소 공부의 즐거움과 기쁨도 맛볼 수 있는 단계로 나아갈 수 있을 것입니다.

꼼꼼함과 엉성함

이 세상을 살면서 꼼꼼한 사람이라고 평판 받는 것과 저 사람 참 엉성하다고 평판 받는 것 중 어느 것을 선호할까요? 아마, 십중팔구는 꼼꼼함을 좋아할 것입니다.

사실, 교직생활에서 업무를 꼼꼼히 처리하고 매사에 실수가 없으면서 자신의 일을 묵묵히 하는 사람을 선호할 수밖에 없습니다. 이렇게 보면 꼼꼼함은 참 좋은 것입니다.

저 또한 업무에 꼼꼼한 사람을 좋아합니다. 왜냐하면 스스로 알아서 일을 빈틈없이 처리해주니 그렇게 편할 수가 없기 때문입니다.

우리는 꼼꼼한 사람을 가리켜 간혹 "저 사람, 머리카락 홈 파는 사람이다"고도 합니다. 머리카락에 홈을 파다니 세상에……

얼마 전 일반인과는 다른 삶을 사는 사람을 다루는 TV 프로에서 중국인(조선족)인 서각가가 머리카락이나 쌀알에 글자를 새기는 것을 보았는데, 진짜 그런 사람은 예술가로서 한 분야를 개척한 사람으로 존경받을 만하다고 생각했습니다.

하지만 우리가 사는 사회에서 한 업무를 가지고 머리카락 홈 파는 것을 자랑스러운 재주라고 생각하면서 산다면 어떻게 될까요?

저는 세상을 살면서 꼼꼼함도 필요하지만 때론 엉성함도 필요하다고 생각하는 사람 중의 하나입니다. 보통 일 처리에 있어 엉성함은 세상을 살아가는 데 도움이 안 되는 것이라 생각할 수 있지만, 반드시 그럴까요?

머리카락 홈만 파면 머리카락밖에 생각하지 않습니다. 즉, 가지는 보지만 줄기는 보지 못한다는 의미이기도 합니다. 만약 잘못됐을 경우 누군가가 고치거나 바로잡으려면 몇 배나 힘이 더 듭니다.

교사 업무를 예로 들어 설명해 보겠습니다.

선생님들이 가지고 오는 공문 기안에서 글자 틀린 것이나 잡아내고 그것을 가지고 "선생님, 공문을 쓸 때는 글자 한 자 한 자에 신경을 쓰지 않으면 안 됩니다."라고 한다면, 선생님들은 그때부터 공문을 작성할 시 오탈자가 있는가 없는가에 과도하게 신경을 쓸 것입니다. 그러다 보면 끝내 공문을 작성하는 본래의 목적을 벗어날 수가 있습니다.

그러므로 우리의 삶은 꼼꼼함도 필요하지만, 이 꼼꼼함은 전체적인 시각에서 바라보는 꼼꼼함이어야 할 것입니다.

이처럼 우리가 세상을 살아간다는 것은 필요와 필요에 의해서 살아가는 것입니다. 때로는 꼼꼼함이, 때로는 엉성함이 필요할 때가 있는 것입니다. 그때그때 상황에 무엇이 필요한가는 자신이 가진 인생의 안목이나 혜안에 의해 선택되는 것이겠지요.

소소한 교육 이야기

초판 인쇄 2019년 3월 5일
초판 발행 2019년 3월 10일

신상국 지음
홍철부 발행

펴낸곳 문지사
등록 제25100-2002-000038호
주소 서울특별시 은평구 갈현로 312
전화 02)386-8451/2
팩스 02)386-8453

ISBN 978-89-8308-539-9 03190

값 14,000원

ⓒ2019 moonjisa Inc
Printed in Seoul Korea